지금,
상하이에서 듣자

이 도서는 2009년도 정부(교육과학기술부)의 재원으로 한국연구재단의 지원을
받아 출판되었음(NRF-2009-362-A00002).

중국관행
자료총서
09

지금, 상하이에서 듣자

1990년대
중국 진출 한국인
인터뷰

인천대학교 중국학술원 중국·화교문화연구소 기획
김판수 엮음

學古房

　한국의 중국연구가 한 단계 심화되기 위해서는 무엇보다 중국사회 전반에 강하게 지속되고 있는 역사와 전통의 무게에 대한 학문적·실증적 연구로부터 출발해야 할 것이다. 역사의 무게가 현재의 삶을 무겁게 규정하고 있고, '현재'를 역사의 일부로 인식하는 한편 자신의 존재를 역사의 연속선상에서 발견하고자 하는 경향이 그 어떤 역사체보다 강한 중국이고 보면, 역사와 분리된 오늘의 중국은 상상하기 어렵다. 따라서 중국문화의 중층성에 대한 이해로부터 현대 중국을 이해하고 중국연구의 지평을 심화·확대하는 연구방향을 모색해야 할 것이다.

　근현대 중국 사회·경제관행의 조사 및 연구는 중국의 과거와 현재를 모두 잘 살펴볼 수 있는 실사구시적 연구이다. 그리고 이는 추상적 담론이 아니라 중국인의 일상생활을 지속적이고 안정적으로 제어하는 무형의 사회운영시스템인 관행을 통하여 중국사회의 통시적 변화와 지속을 조망한다는 점에서, 인문학적 중국연구와 사회과학적 중국연구의 독자성과 통합성을 조화시켜 중국연구의 새로운 지평을 열 수 있는 최적의 소재라 할 수 있을 것이다. 중층적 역사과정을 통해 형성된 문화적·사회적·종교적·경제적 규범인 사회·경제관행 그 자체에 역사성과 시대성이 내재해 있으며, 관행은 인간의 삶이 시대와 사회의 변화에 역동적으로 대응하는 양상을 반영하고 있다. 이 점에서 이러한 연구는 적절하고도 실용적인 중국연구라 할 것이다.

　1990년대와 2000년대 중국에 진출한 한국인 62명에 대해 3년간 수행한 여러 차례의 심층 인터뷰에 기반한 두 권의 책『지금, 상하이에서 듣자』와『상하이 한국인, 다시 경계에 서다』는 우리 중국관행연구사업단에서 내는 『중국관행자료총서』의 일환으로 기획되었다. 기획 의도는 중국의 사회경제적 관행이 현대에 어떻게 실행되고 있는지, 중국에 진출한 기업과 기업가들이 이러한 관행과 어떻게 조우하게 되는지를 살펴보고, 때로는 관행과 갈등을 빚고 때로는 관행을 활용하며 실천해 나가는 양상을 보고자 함이었다.

기업과 기업가들이 중국에 정착하여 기업활동을 하고 인간관계를 맺어나가는 과정에서 관행이 어떤 의미를 가지는지에 대한 심층조사를 수행하고 기록하는 것이, 현대적 관행조사로서의 의미를 가질 뿐 아니라 향후 중국에서 활동할 기업들에게도 도움이 되리라는 판단으로 책을 기획하였고 총 5천 페이지에 달하는 채록자료를 바탕으로 두 권의 책이 출간되기에 이르렀다.

『중국관행자료총서』는 중국연구의 새로운 패러다임을 세우기 위한 토대 작업으로 기획되었다. 객관적이고 과학적인 실증 분석이 새로운 이론을 세우는 출발점임은 명확하다. 특히 관행연구는 광범위한 자료의 수집과 분석이 결여된다면 결코 성과를 거둘 수 없는 분야이다. 향후 우리 사업단은 이 분야의 여러 연구 주제와 관련된 자료총서를 지속적으로 발간할 것이며, 이를 통하여 그 성과가 차곡차곡 쌓여 가기를 충심으로 기원한다.

2018년 3월
인천대학교 중국학술원
중국 · 화교문화연구소
(HK중국관행연구사업단)
소장(단장) 장정아

2018년, 왜 1990년대 중국에 진출한 한국인의 목소리에 주목해야 할까?

1. 2018년, '남북교류 2.0' 기점?

2018년 2월 9일 평창 동계올림픽 개막을 계기로 북한의 고위급 대표단이 2박 3일간 남한을 방문했다. 북한은 평화를 상징하는 올림픽 무대에 '김여정'을 등장시켜 핵실험 이슈를 잠시나마 가릴 수 있었다. 오랫동안 언론매체들은 북한을 남성, 군인, 전쟁, 폭력성, 잔혹함 등을 통해 재현해 왔지만, 2018년 북한은 김여정을 앞세워 여성, 엘리트, 평화, 유연성, 부드러움 등 전혀 다른 면모를 보여주었다.

최근 북한이 과거와 다른 정체성을 드러내는 이유는 북한식 개혁개방 추진과 관련이 있다. 중국의 경험을 보자. 중국 개혁개방은 공식적으로 1978년부터 시작되었다. 그런데 '1978년 개혁개방 시작'은 사후적으로 공식화된 것일 뿐, 1980년대 중반까지도 전세계 대다수 사람들은 '중국은 어디로 가고 있는가'에 대해 전혀 알아차리지 못했다. 실제로 1992년 한중수교 이후에도 한국사회의 '중공' 공포는 2000년대 초중반까지 지속되었다. 2018년 현재, 남북한은 '통일경제특구' 건설 논의를 진행하고 있다. 이렇게 볼 때 중국처럼 북한의 공식적 개혁개방도 2018년 이전에 이미 시작되었다고 볼 수 있다. 물론 새로운 남북교류 시대가 열린다고 하더라도 북한 공포는 좀 더 오래 지속될 것이다.

2018년 현재 남북교류 준비 흐름은 사실 과거 1980년대 말부터 1990년대 초까지 노태우 정부가 추진한 대규모 남북교류의 새로운 버전에 해당한다. 당시 한국 대기업들은 노태우 정권의 도움을 받으며 북한 진출에 매우 적극적으로 뛰어들었다. 아래 1989년 1월 5일 [동아일보] 기사 「업계, [공산권 개척] 본궤도에」를 보자.

"대우, 럭키금성, 삼성 등(은) ... (북한과의) 합작투자의 타당성과 경제성을 분석 중인 것으로 알려졌다. 이들 기업들은 북한 상사와 접촉하거나 직접 북한을 방문, 합작투자를 적극모색한다는 방침이다. 합작업종으로는 ... 해외이전 필요성이 높은 섬유 완구 등 노동집약산업 등이 우선적으로 검토되고 있다. ... 그러나 ... 1차적으로 남북간 상품직교역에 초점을 맞추고 있다. 새해 초부터 북한산 무연탄, 전기동(銅), 냉동명태 등이 남포에서 인천으로, 흥남과 원산에서 부산과 동해항으로 직반입될 예정이다. 노태우 대통령이 남북간 교역개방을 천명한 [7·7선언] 이후 주 쌍용이 맨 먼저 홍콩 소재 [준웰]상사를 통해 북한 운독상사로부터 무연탄 20만t을 도입하기로 하고 ... 북한산 무연탄은 쌍용 뿐 아니라 효성물산, 삼성물산, 현대종합상사, 럭키금성상사, (주)대우, (주)선경 등 모든 종합무역상사가 제3국상사를 통해 도입계약을 체결, 잇따라 반입할 계획이다. 삼성은 또 작년 11월 북한수산공사의 [프랑스] 소재 무역대행업체인 [아이파푸드]사를 통해 북한산 명태 1천t을 도입키로 하고 ... 현재까지 추진돼온 북한산 물자도입은 여전히 간접교역 형태를 벗어나지 못하고 있다. 이에 따라 국내상사들은 북한 상사들과의 직계약거래를 적극 추진할 움직임인데, 여건 조성을 위해 북한 방문 및 북측 경제인 초청 등 인적교류 노력을 강화하고 있다."

하지만 주지하다시피 1990년대 초 북한 핵개발 이슈가 터지면서 남북교류는 후퇴했고, 한국의 공산권 진출 방향은 북한 중심에서 중국 중심으로 조정되었다. 1992년 한중수교 이후 한중관계와 남북관계는 더욱 엇갈렸다. 흥미롭게도 2017년 한중수교 25주년이 사드(THAAD) 문제로 양국 교류의 후퇴를 상징하게 되었을 때, 2018년 '남북교류 2.0' 준비 작업은 한창 전개되고 있다.

남북교류 2.0을 추진하고 있는 동력은 결국 남북한의 경제적 이해관계

일치에서 발생하고 있다. 1990년대 초 한국 자본이 북한에 몰려가다가 방향을 틀어 중국으로 향한 것은 1987년 6월항쟁 및 노동자대투쟁 이후부터 국내 임금 상승 및 '국가 - 노동 - 자본 관계'의 민주화 등으로 자본 측의 이익과 권력이 약화되었기 때문이다. 근래 중국에서 베트남으로 국내 자본이 이동하고 있는 현상 또한 중국 국내 임금 상승과 노동법 강화 경향과 무관하지 않다. 어쨌든 20세기 중반 우리와 전쟁을 했던 중국과 베트남은 21세기 현재 한국 자본이 가장 선호하는 투자처가 되었다. 그렇다면 21세기 어느 시점에는 북한도 중국·베트남처럼 한국 자본이 가장 선호하는 투자처로 부상하지 않을까?

문제는 '남북교류 2.0' 시대가 갑작스럽게 열렸을 때, 국가와 자본은 이미 어느 정도 경험과 충분한 준비가 되어있겠지만, 한국사회는 아무런 경험과 준비 없이 혼란, 갈등, 시행착오 등에 직면해야한다는 점이다. 그러므로 2018년 현재 1990년대 초 중국과의 본격적인 교류가 시작되었던 그 시절 한국인의 '중공' 진출을 '복기'할 필요가 있다. 실제 1990년대 한국사회는 당시 어떻게 중국을 인식했고, 또 1990년대 중국에 진출한 한국인들은 어떻게 중국인·중국사회와 상호작용했을까?

2. 한중수교 25주년 성찰하기

1980년대 말 한국 정부는 국내 자본의 공산권 진출을 돕기 위해 탈사회주의화를 표방한 국가들과 관계를 개선하기 시작했다. 정부는 1987년 헝가리를 시작으로 1988년 유고, 폴란드, 불가리아 등 동구권 국가들과 준정부적 통상협조약정을 체결했고, 1988년부터 중·소와 경제협력도 전개했다. 특히 1988년 7월 노태우 정부는 '한국 기업의 공산권 개척'을 명목으로 중화인민공화국을 더 이상 '중공'이 아닌 '중국'으로 표기하기로 공표했다.

이런 분위기 속에서 1980년대 말부터 일반 한국인들의 중국 진출이 전개되고 있었다. 즉 1980년대 말부터 이미 비공식적 한중교류가 일반화되었고, 1992년 한중수교는 그저 공식적으로 한중교류 시대를 선언한 것에 불과했다.

그동안 한국사회의 중국 인식은 얼마나 변화되었을까? 1992년 한중수교 이후에도 한국 언론매체는 주로 '공산주의 VS 자본주의'라는 이데올로기적 대비를 통해 중국사회와 중국인들을 재현해왔기 때문에, 그 영향을 받은 한국사회 또한 공산권 중국의 경제적 낙후성을 근거로 '중국인들은 사회문화적으로 뒤떨어진다'라고 인식하는 경향이 있었다.

그러나 2018년 현재 중국은 미국과 더불어 G2로 부상했다. 2017년 IMF 기준 한국의 명목 GDP는 1조 5,297억 달러이지만, 중국의 명목 GDP는 11조 9,375억 달러에 달했다. 심지어 중국 광둥성의 2017년 명목 GDP는 약 1조 3,400억 달러로 한국과 큰 차이가 없다.

그러나 최근 2~3년 동안 중국은 시진핑 3연임 이슈, 사드 사태, 미세먼지·황사 이슈 등으로 한국 언론에 소개되었기 때문에 여전히 독재국가, 오염국가 등의 이미지를 강하게 풍기고 있다. 이러한 프레임들은 '진실'을 조명하기에 매우 부족하다.

그러나 한국사회의 중국 인식은 이미 상기 프레임들로부터 탈피하여 색다른 성찰의 기준점을 찾고 있다. 예를 들어, 근래 중국의 우주개발과 4차산업 등 정치경제적 역량 증대 등에 대한 한국사회의 반응은 대체로 '올 것이 왔다'로 나타나고 있다. 단적인 예로 중국 정부가 어떤 산업에 조 단위 액수를 투자한다는 기사가 등장하면, 그 기사에는 어김없이 '우리는 그동안 30조를 강바닥에 쏟아 부었는데...'라는 댓글들이 높은 호응을 받고 있는 것이다.

나아가 2016~2017년 사드 문제를 겪고 난 이후 한국사회의 중국 성찰은 시대적 문제로 인식되고 있다. 그 징후는 이미 2015년 이후 두드러졌다. 대표적으로 2015년 1월 KBS는 특별기획 다큐멘터리 '슈퍼차이나'를 방영했는데, 다큐 프로그램으로서는 매우 드물게 최고 시청률이 10.2%에 달했다. 당시 한국사회의 '뜨거운' 반응 때문에 원래 7부작이었지만 긴급히 8부 중국 전문가 대담 자리까지 생방송으로 제작되었다. 또 다른 예로 2016년 3월부터 5월까지 JTBC가 제작한 '차이나는 도올' 프로그램이 있다. 당시 이 프로그램을 재미있게 시청했던 회사원 친구는 1년 만에 만난 자리에서 뜬금없이 '시진핑에 대해 알고 있느냐'며 필자에게 시진핑과 중국공산당에 대해 친절히 설명해주었다.

이런 측면에서 한국사회는 중국에 대한 경제적 관심에서 한 걸음 더 나아가 정치적 관심도 역시 확대하고 있다. 이는 분명 의미있는 변화이다. 그러나 그 한계 또한 명확하다. 현대 중국의 경제적 발전과 정치적 부상을 과도하게 부풀려 재현했기 때문이다. 한국에서 제작된 프로그램들임에도 불구하고 그 내용은 중국이 세계로부터 인정받고 싶었던 '성공한 중국의 모습'을 너무 노골적으로 재현해주었다.

그러므로 중국 신드롬에 대한 한국사회의 내재적 성찰은 여전히 걸음마 단계라고 볼 수 있다.

3. 1990년대 중국 경험과 남북교류 2.0 준비

2018년 현재 '남북교류 2.0'시대 또 '한중수교 50주년'으로 나아가고 있는 지금, 한국사회는 내재적 성찰을 위한 새로운 기준점이 필요하다. [지금, 상하이에서 듣자]의 기획 의도는 바로 이 지점에 있다. 즉 [지금, 상하이에서 듣자]는 한중수교 25주년을 복기할 수 있는 7편의 대국을 소개하고 있다. 이들의 대국 중 일부는 이미 마무리된 반면 일부는 여전히 진행 중이다.

사실 이 책에 수록된 7인의 사례는 선혀 '대표성'이 없다. 즉 우리가 알고 있는 중국 진출의 흔한 사례는 아니다. 그동안 한국 매체를 통해 알려진 대다수 중국 진출 사례는 대개 실패, 사기, 야반도주 등이 주를 이루었다. 반면 [지금, 상하이에서 듣자]의 인터뷰이들은 1990년대에 상하이에 진출하여 지금까지 성공적으로 활동하고 있다.

[지금, 상하이에서 듣재의 특징은 7인이 각각 '서로 상이한 중국 경험'을 이야기한다는 점이다. 그들은 정체성도 다를 뿐만 아니라, 중국 진출 경로도 매우 상이했다. 이 책은 다양한 관점에서 1990년대 한국인의 중국 진출 과정을 소개하고 또 그들이 각각 상이한 맥락에서 중국사회와 상호작용함으로써 얻게 된 성과를 소개한다. 이러한 상이한 경험과 목소리를 통해 한국사회 일반이 '한중교류 30년'을 자기의 경험처럼 인식하고 이야기할 수 있기를 희망한다.

이들 이야기의 유일한 공통점은 '상하이'를 중심으로 펼쳐지고 있다는 점이다. 사실 2000년대 중반까지 한국인과 한국자본의 중국 진출은 주로 베이징, 칭다오, 선양 등 중국 화북지역과 동북지역에 집중되었기 때문에 이들 지역 한인촌, 한인사회, 한중교류 관련 저서, 논문, 기사 방송은 상대적으로 풍부한 편이다. 반면, 상하이는 중국의 '경제 수도'임에도 불구하고 의외로 한국사회의 관심이 상대적으로 적었고, 학계에서의 관련 연구는 더욱 적은 편이었다.

그러므로 [지금, 상하이에서 듣재는 2018년 한중교류와 남북교류가 모두 '새로운 출발' 지점에 서 있는 지금 과거를 되돌아보고 또 미래를 전망하는 데 흥미로운 기준점이 되어 주리라 기대한다.

끝으로...

[지금, 상하이에서 듣재는 인천대학교 중국학술원에서 2015년 3월부터 2018년 2월까지 3년 간 진행한 [중국 비즈니스 실태조사] 프로젝트의 한 성과이다. 3년 동안 중국학술원 연구자들이 만나서 인터뷰를 진행한 분들은 총 62명이었다. 3년 동안 진행된 인터뷰를 채록한 자료는 A4 용지 기준 약 5,000페이지에 달했다. 이와 관련한 내용은 '후기'에 자세하게 소개했다.

3년 동안 진행된 인터뷰 조사에서 중국학술원 연구자들이 큰 틀에서 제기한 물음들은 다음과 같다. (1) 1990년대 중국에 진출한 한국인들은 당시 중국인과 중국사회를 어떻게 인식했을까? (2) 그들의 중국인과의 관계맺기 방식 및 중국사회에 대한 인식 변화는 중국에서의 경제적 성공에 어떤 영향을 미쳤을까? (3) 그들은 현재 중국의 부상을 어떻게 인식하고 있고, 또 한국의 미래를 어떻게 전망하고 있는가?

중국학술원 연구자들은 각 인터뷰이들에게 '답'을 유도하는 질문은 일체 제기한 적이 없었다. 이는 우리가 '의도적으로 듣고 싶은 이야기'를 채우려는 목적이 아니라, 그 분들이 오랫동안 중국사회와 상호작용하는 가운데 '자연스럽게 말하고 싶었던 이야기'를 정리하고 싶었기 때문이다. 우리가 인터뷰이 분들께 던진 초기 질문은 모두 '개방형 질문'이었다. 즉 큰 틀에서 '중국에서의 삶에 대해 말씀해주십시오', '상하이에서의 삶에 대해 말씀해주십시오'라고 질문을 던졌고, 세부적으로도 주로 개인의 삶, 개인의 경험, 파트너와의 사회적 관계 등과 관련하여 질문했다.

위 물음과 질문들에 대한 결론을 내리지 않은 상태에서, 필자는 2017년 9월부터 [지금, 상하이에서 듣자] 출판 작업에 착수했다. 수많은 인터뷰이 분들 중 (1) 1990년대에 중국에 진출했고, (2) 출판할 수 있을 정도로 충분한 인터뷰가 수행되었으며, (3) 출판을 기꺼이 허락해준 7분의 인터뷰이를 선정했다. 그 이후 필자는 축약, 교열, 윤문 등의 과정을 통해 전체 이야기의 큰 줄기를 구성할 수 있었다. [지금, 상하이에서 듣자]는 1990년대 진출 한국인들의 경우에 한해서 볼 때, 중국에서 성공할 수 있었던 이유는 그들이 중국인·중국사회와 맺었던 인간적·사회적 관계에서 찾아야한다고 밝히고 있다.

좀 더 많은 분들을 책에 포함하지 못한 것은 시간의 엇갈림 때문이었다. 3년 동안 필자는 상하이에 총 5차례 방문(2016년 1월, 2016년 3월, 2016년 7월, 2017년 1월, 2018년 1월)했고, 1회 방문 시 평균 7~8일을 머물렀다. 문제는 필자가 방문하던 시기는 주로 연말 또는 방학이었기 때문에 많은 분들이 잠시 한국에 돌아간 경우가 많았다. 이외에도 대다수 인터뷰이 분들이 여전히 왕성하게 활동하고 있기 때문에 출장 등으로 만날 수 없는 경우도 많았다.

주지하다시피 1990년대 중국은 전반적으로 낙후되어 있었다. 하지만 이 책에서 종종 이야기되었듯이 1990년대 중국은 '뭘 해도 되는 곳'이었다. 그 시절 상하이에 진출한 7인의 인터뷰이는 '낙후된 조건' 속에서 살아가는 중국인·중국사회와 적극적으로 상호작용하는 가운데 비교적 일찍 경제적으로 안정된 토대를 구축했다. 이 때문에 2000년대 이야기는 1990년대에 비해 단순해지는 측면이 있다. 따라서 2000년대 상하이에 진출한 분들의 이야기는 다른 책을 통해 출판할 계획이다.

[지금, 상하이에서 듣자는 경제적 성공 전략 등을 밝히는데 초점을 두지 않았다. 물론, 각 인터뷰이들 별로 그와 관련된 내용들이 소개되어 있지만, 이는 오직 '중국인·중국사회와 어떻게 상호작용했는가'와의 관련성이 있을 때 포함되었고 그렇지 않을 경우 책의 체계성을 위해 과감히 덜어냈다.

마지막으로, 중국에서의 '개인적 삶'을 출판할 수 있도록 허락해주신 분들께 감사드린다. 3년 동안 만난 모든 분들로부터 너무 많은 것들을 배울 수 있었다. 귀중한 시간을 들여 인터뷰에 응해주신 모든 분들께 다시 한 번 고개 숙여 감사드린다.

2018년 2월 23일
김판수 씀

1. 이 책에서 자주 등장하는 '중국동포' 용어는 조선족을 의미한다. 상하이에서 인터뷰했던 한국인들은 조선족을 지칭할 때 주로 '중국동포'를 사용했다. 독자의 혼란을 줄이기 위해 조선족을 지칭하는 다양한 표현들을 '중국동포'로 통일했다.

2. 이 책에서 上海는 '상하이'로 표현을 통일했다. 다만 인터뷰이가 회사 명칭 등의 이유로 '상해' 표현을 요청한 경우에는 그에 따랐다.

3. '구어체 → 문어체' 변경 과정에서 가독성에 큰 무리가 없는 구어체 용어와 문장 등을 가능한 한 그대로 활용했고, 그렇지 않은 경우에는 완전히 '문어체'로 변경했다. 교열·윤문은 다음의 과정으로 진행되었다. 1. 엮은이가 모든 작업을 책임지고 진행했다. 2. 각 인터뷰이들은 엮은이로부터 전달 받은 '정리된 인터뷰 내용'을 검토하고 오류 수정 등을 요청했다. 3. 엮은이는 '수정 요청'을 반영하는 동시에, 다시 한 번 교열·윤문 작업을 다시 한 번 진행했다. 4. 인터뷰이가 최종 편집 원고를 확인했다. 5. 이후 엮은이는 미세한 정도로 교열·윤문 작업을 반복했다.

4. 2015~2017년에 진행된 인터뷰 배열은 가능한 한 시간 순서에 따랐지만, 필요한 경우 엮은이가 구술 주제 및 관련성에 따라 재배열했다. 그리고 인터뷰 연도 표기가 필요한 경우에는 ( )를 사용하여 표기했다.

5. 일부 인터뷰이를 대상으로 [2018년 1월 인터뷰]를 최근 수행했고, 이 부분만 별도의 '절' 형태로 구분하여 각 인터뷰 마지막 부분에 수록했다.

목차

프롤로그

한중교류, 시작부터 지금까지

김병추 부산경제진흥원 원장

김병추 원장 인터뷰는 2015년 10월 중 2회에 걸쳐 약 6시간 동안 진행되었다.

그는 1990년 ㈜대우 부장 직위에 있을 때 북한 무역을 위해 처음 중국에 들어갔고, 북한 무역이 금지된 이후 본격적으로 중국에 진출했다. 이후 그는 중국 진출 한국 대기업 본부장, 법인장, 총괄 사장 등 고위 직급으로 20년 이상 활동했다.

그의 이야기를 통해 우리는 한국계 대기업 CEO가 중국 현지에서 어떻게 중국 고위층들과 교류하며 현지 법인을 운영·관리해왔는지 관찰할 수 있다. 그는 중국진출 초기부터 대기업의 고위 직급이었고, 특히 당시 대우 그룹은 다른 그룹과 달리 매우 빨리 또 전사적으로 중국에 진출했다. 따라서 대우의 중국 내 영향력은 다른 한국 대기업들이 범접할 수 없는 위치를 차지하고 있었다. 이처럼 그의 중국 경험은 일반 주재원이나 개인사업가와 상당히 다른 층위에서 쌓여갔기 때문에, 1990년대 한국 자본의 중국 진출과 관련하여 매우 흥미로운 시야를 채워줄 수 있다.

그리고 한중수교 이전부터 시작된 그의 중국 경험은 지역적으로는 북한, 베이징, 상하이, 싱가포르 등에 걸쳐 있고, 또 관련 업종 면에서도 무역, 생산, 법률 등을 포괄하고 있다. 그의 이야기를 통해 우리는 '한중교류의 역사'를 입체적으로 파악할 수 있을 것이다.

1990년대 '북한 장사'로 시작된 중국 땅 밟기

김판수 중국은 선생님 삶에서 어떤 의미였나요? 처음 중국을 경험했을 때와 그 이후 삶을 이야기해주시기 바랍니다.

김병추 1990년이죠. 1990년에 제가 베이징에 나갔어요. 당시 제 기억엔 '잠자는 6억 사자가 깨어난다'라는 이야기가 있었거든요. 중국에 관심을 갖기 시작한 거는 1980년대 후반, 홍콩 친구들을 통해서였어요. 우리가 수출하는데 홍콩 친구들하고 한참 얘기하다보니까 데스티네이션이 상하이다, 톈진이다, 등등. 그래서 중국이라는 나라가 우리에게 조만간 큰 시장을 열어주겠다고 느꼈어요. 그 다음 제가 우연치 않게 1990년 베이징에 처음 갔어요. 당시 제가 대우에 다녔거든요. 주식회사 대우죠. 그때 대우에서 북한 장사를 많이 했어요. 이런 얘기를 잘 모르실지 모르지만, 그 당시 북한에서 들여오는 물건들을 모두 내국 물품으로 취급했어요. 첫째, 관세가 없었어요. 둘째, 무기와 마약 등을 제외하고는 수입 제한품목이라는 게 별로 없었어요. 즉, 북한이 우리 영토다, 우리 물건이다, 이거에요. 수입하면 무조건 40~50% 벌고 들어가는 거예요. 그니깐 모든 비즈니스맨들이 북한 장사를 하려고 했죠. 지금은 뭐, 이런 얘기해도 될 겁니다. 상당히 오랜 기간 동안 쉬쉬하고 못한 이야기들이 많았어요.

김판수 좀 더 자세하게 이야기해 주실 수 있는지요?

김병추 그때 김우중 회장께서 북한을 염두에 두시고 많은 사업들을 추진하셨어요. 당시 김우중 회장이 직접 북한에 들어가서 김일성과 함께 투자 관련 이야기도 나누던 시절이었죠. 다만, 당시에는 대개 물물교환 방식으로 교역이 진행되었습니다. 예를 들어, 남쪽에서 먼저 옷 같은 것을 주면 뭔가를 받아 나와야 되거든요. 북한에서 줄 수 있는 것은 땅 밑에 있는 거 하고 물 밑에 있는 거 밖에 없었어요. 그런데 그게 한국 들어오면 떼돈이란 말입니다. 제가 그때 대우 농수산부에 근무했어요. 그래서 북한도 다녔거든요.

김판수 어떤 과정을 거쳐서 진행되었나요?

김병추 통일부에 신고하여 허락 받는 것 외에도 국가안전기획부에 신고했죠. 처음에는 서울 타워호텔에서 안기부 요원에게 교육 받았어요. 그때, '북한에 가면 의외로 사람들이 순진할 겁니다, 가서 정치적인 얘기는 하시면 안 됩니다'라고 하더군요. 북한을 가기 위해 베이징에 처음 들어갔어요. 몇 명이 함께 갔어요. 1990년 여름. 회사 입장에서는 물물교환 대가로 뭔가를 받아야 하니까. 그래서 베이징에서 조선민항기 타고 평양에 갔어요.

김판수 당시에는 중국과도 수교가 안 된 상황이었는데, 중국을 통해 북한에 들어갈 수 있었다니 매우 특수한 경우인 것 같습니다. 그 과정과 상황을 좀 더 상세하게 말씀해주실 수 있는지요?

김병추 그때 대우의 베이징 지사가 하나 있긴 했지만, 수교가 안됐기 때문에, 홍콩 현지 법인의 베이징 지사로 설립했어요. 베이징 지사장도 한국인이지만 미국 국적자로 내세웠죠. 어쨌든 서울에서 홍콩을 거쳐서 베이징으로 갔죠. 베이징 공항에 앉아있으니까, 베이징 지사 분이 주머니에 있는 걸 모두 달라고 하더군요. 남한 표시가 있는 물건을 다. 북한에 가는 거니까. 이미 안기부에서 교육 받았으니까 대충 알고 있었죠. 북한 내에서는 다양한 경제활동을 했죠. 삼천리회사 사람들도 만나고. 이후에도 자주 들락거렸어요. 1991년에 우리가 북한하고 함께 남포공장을 만들었거든요. 이런 이야기는 여전히 좀 조심스럽네요.

김판수 선생님께 있어서 첫 중국 기억은 반드시 북한을 통해서만 기억될 수밖에 없겠네요.

김병추 그렇죠. 1990년. 당시에는 베이징 공안들도 지금처럼 엄격하지 않고 유연했던 시기였죠. 북한에 들어갈 때 비자는 베이징에 있는 북한 대사관에 가서 비자를 받았지요.

김판수 몇 년도였나요?

김병추 1990년도 같아요. 베이징 지사 분이 북한 외교관하고 연락을 미리 다 한 상태였기에, 북한 대사관에서 우리에게 직접 비자를 발급했죠. 그런데 그 비자가 파란색 종이에 불과했어요. 그때 베이징에서 평양으로 가는 비행기는 화요일과 토요일만 있었는데, 조선민항기를 타고 평양에 들어가면, 그 파란색 종이에 입국 도장을 찍고, 나중에 돌아올 때는 그 종이를 회수해갔죠.

김판수 결국 공식 기록을 남기지 않는군요.

김병추 네. 그러다가 1991년도에 영변 핵 문제가 처음 터졌어요. 북한 장사가 꼬이기 시작한 거죠. 그래도 처음에는 우리 정부가 계속 허용하는 분위기였던 거 같은데, 이후에 들었던 이야기지만, 미국이 압력을 좀 가했던 것 같아요. 제 생각에는 우리 정부도 북한 관련 정보가 없으니까, 우리 같은 기업인들을 시켜서 북한 정보를 얻으려고 한 것 같아요. 실제로 우리는 북한에서 돌아오면 항상 시간 단위로 아침 기상 이후 잠자기 전까지 일정을 모두 기록해서 안기부에 제출해야 했어요. 정부도 그걸 통해서 정보도 얻고 경제사정도 추정했겠지요. 그때 베이징에 우리 특파원들도 나와 있었어요. 안기부도 그렇지만 언론사들

도 북한 정보가 너무 없던 상황이어서, 우리 종합상사에 의지
했던 상황이었죠. 그런데 어느 날 우리 정부 측에서 '더 이상
안 된다. 못 들어간다. 어렵다'고 하더군요.

김판수 그렇게 북한교역은 끝이었나요?

김병추 아니요. 들어갈 수는 없었지만, 얼마 동안은 장사를 계속 할 수
있었어요. 기업 입장에서 이미 물건을 줬는데 다시 물건을 받
아와야 될 거 아니에요. 평양에 못 들어갔다는 것 뿐. 베이징
지사에 있을 때 계속 북한 사람들과 만나서 함께 상담도 했죠.
그래서 제가 베이징 지사에 발령이 난거에요. 다만, 베이징 지
사에서 북한 쪽에만 매달릴 수 없는 상황이었으니까, 중국 교
역도 준비한 거죠.

1991년, 본격적으로 중국 교역에 뛰어들다

이정희 한중수교 전이었는데 북한교역은 물론 중국교역까지도 시작되
었군요.

김병추 네. 당시 중국은 곡물 수출을 하는 나라였어요. 처음에는 중국
참깨를 수입했고, 나중에는 삼치 등 어류도 수입했죠. 어쨌든
그 전에도 중국 교역이 있었으나 북한 핵 문제 때문에 1991년
도부터 본격적으로 중국 교역에 뛰어들었어요. 저의 베이징 주
재원 생활도 1991년부터 시작되었죠.

이정희 초기에 주로 거래한 회사들은 어떤 기업 형태였나요?

김병추 당시에는 중국 내 거의 모든 기업이 국영이었거든요. 어떤 경

우에는 80~90%가 국가 지분이었고, 어떤 경우에는 100%였죠. 당시에는 사영기업이 거의 없던 시절이었어요. 더구나 대우가 거래할 만한 기업들은 대부분 대형 국영기업이었죠. 당시는 중국 정부가 사영기업의 경우 조그마한 구멍가게 외에는 허용을 안 해주던 시절이었어요.

이정희 대표적 사례 한 가지 소개 해주실 수 있는지요?

김병추 우리가 당시 중국 상품을 수입했거든요. 중국 상품을 지린성 L공사로부터 수입을 해야 했는데, 거기 가서 수입 상담을 하려고 하면 잘 안 만나려고 하는 거예요. 그들이 수출할 상품이 없었던 게 아니에요. '너희들 만나서 진짜 한국에 수출이라도 하게 되면, 그것만큼 귀찮은 일이 어디 있겠느냐'라는 게 이유였어요. 즉 당시 중국 국영기업들은 우리처럼 수익을 내야만 하는 구조가 아니었던 거죠. 국영기업은 수익을 내든 못 내든 월급은 똑같이 나왔기 때문에, 아예 우리를 안 만나려고 했죠. 그래서 당시 우리는 그 회사 앞에서 한참을 기다리는 게 일이었어요. 관계자들 만나려고. 그때 그 회사 직원들이 점심 때 모두 자전거 타고 집으로 밥 먹으러 갑디다. 그리고 오후 2~3시가 되면 느긋하게 돌아오더군요. 여하튼 그런 상황에서 우리가 억지로 결국 사장을 만날 수 있었어요. 그런데 시큰둥해요. 팔아도 그만, 안 팔아도 그만이라는 식이었죠. 꽤 높게 책정된 가격표를 탁 던지더니, '국가에서 지정한 가격이니 살려면 사고 말려면 말아'라고 하더군요. 당시 물가로는 다소 과한 가격이었기 때문에 주변 이곳저곳에 물어보았죠. 어떻게 대응해야 하는지. 그러니까, 다들 우선 꽌시를 만들라고 하더군요. 그래서 우리가 퇴근 후에 밥을 쏘겠다고 꼭 오라고 요청했어요. 그랬는데, 가족, 고모, 동생 다 데리고 나오더군요. 그렇게 2~3일

잘 대우해준 후 베이징으로 돌아와서 전화로 좀 깎아 달라고
하니, 그제야 조금씩 깎아주더군요.

1990년대 초중반, 베이징 주재원 생활

이정희 당시 베이징 주재원 생활을 이야기 해주시죠.

김병추 저는 1991년부터 1995년까지 베이징에 있었어요. 생활이라고
하면, 중국은 우리 가족한테 굉장히 특별한 의미가 있죠. 우리
애들이 중국에서 초등학교를 졸업했거든요. 그래서 우리 애들
은 중국이 굉장히 친밀해요. 걔들은 '북한'도 중국식 명칭인 '조
선'이라고 불러요. 여하튼 당시 제가 베이징 주재원 생활할 때
당시로서는 확신할 수 없었지만, 이 나라가 앞으로 세계의 전
면으로 나설 거라는 게 감지되던 시절이었어요. 그래도 1991년
도 베이징의 저녁은 매우 어두웠어요. 가로등이 없었고. 8시
이후 해가 지면 불빛이라고는 자동차 전조등이 유일했었죠. 우
리가 술 한 잔 하고 싶어도 출입이 허용된 술집이 2~3개 밖에
없었어요. 그런데 이게 빠르게 변화되기 시작하더군요. '아, 이
나라에 자본주의가 들어오기 시작하는구나' 하고 느껴질 만큼.
그런데 자본주의가 들어오면 좋은 것부터 들어와야 하는데, 쓰
레기부터 들어와요. 돈 많은 홍콩 애들이 들어와서 매매춘이
많아졌죠. 당시에 일 때문에 호텔에 가면 여자들이 혼자 앉아
있었어요. 그래도 종종 단속이 나왔거든요. 그때 걸리면 그 여
자들은 노동교화형을 받았죠. 상하이로 출장을 가면 거기는 더
심했어요. 베이징은 좀 더 엄한 편이었고요.

이정희 1995년 이후에는 중국을 떠나셨나요?

24

김병추 잠시 한국 들어갔다가, 싱가포르에 들어갔어요. 그러다 상하이로 다시 들어간 게 2003년이니까. 7~8년 만에 중국에 들어갔죠. '상전벽해(桑田碧海)'란 말이 바로 그 경우였어요. 1990년대 초에 상하이 푸동에 가면, 땅이 진흙이었기 때문에 질척거렸어요. 구두를 신고 다닐 수 없을 정도였어요. 그런데 10년 사이에 확 변한 거예요. 그 만큼 중국인들의 인식도 많이 달라졌어요. 불과 10년 사이에. '아, 이렇게 바뀔 수 있나' 할 정도로. 상하이는 베이징하고 좀 달라요. 상하이는 역사적 경험 때문에 물리적 공간의 변화는 물론 사람들의 인식의 변화 속도도 굉장히 빨랐죠.

상하이 진출과 대우의 중국 경제활동

이정희 상하이에서의 경제 활동에 대해 이야기를 해주시기 바랍니다.

김병추 1995년 대우는 국내 종합상사 최초로 중국에 합작회사를 세웁니다. 이름은 NS대우였죠. 제가 2003년부터 2006년까지 약 3년 반 동안 총경리(总经理, CEO)를 했죠. 그 NS대우라는 데가 참 희한한 회사입니다. 중국인 장NS란 분 이름과 대우 명칭을 합친 거죠. 그 분이 1990년대 초 오사카에서 열린 다보스포럼에서 김우중 회장을 만나 중국에 한국의 대우 같은 종합상사를 만들자고 해서 만들어졌어요. 당시 중국 고위급에서도 상당한 지지를 받았죠. 그게 정말 중요했어요. 왜냐하면 당시 중국 법에서 중국 내 제조업 공장이 없는 외국 기업은 현지 경제활동에 많은 제한을 받았어요. NS대우는 고위층으로부터 특별 허가를 받았기에 공장이 없는데도 자유롭게 활동할 수 있었죠. 51% 지분은 NS측이, 49%는 대우가 가졌지만, 총경리의 경우 대우가 임명했죠. 이사진의 경우 중국 측이 3명, 한국 측이 2명을 선임했어요. 하지만 중요한 결정은 반드시 4명의 이사가 동의해야 통과될 수 있는 구조였어요. 즉, 일방이 마음대로 결정을 못하도록 만든 아주 묘한 회사였던 것이죠. 물론 중국 현지에 설립된 만큼 힘겨루기에 들어가면 NS측이 이길 수밖에 없었죠. 그래도 총경리가 한국 사람이니까 중국 의도대로 결정되더라도 운영에서는 한국 측의 협조를 받아야 하는 그런 구조.

이정희 1995년이면 1997년 IMF를 앞 둔 시점인데, 당시 상황을 조금 들을 수 있을까요?

김병추 당시 한국에서 중국으로 화학제품을 굉장히 많이 수출했습니다. 가공된 화학제품들이죠. 비료원료나 세제원료. 당시 중국이라는 거대한 시장이 뚫리지 않았더라면 한국이 굉장히 어려웠을 거라고 이야기를 많이 하잖습니까. 한국이 굉장히 어려운 시기로 들어가고 있었는데, 다행히 그때 중국 시장이 오픈되어 있어서 고비를 넘길 수 있었다고 하지요. 특히 1997년 이후 중국 시장이 넓어지면서 한국 경제의 구원처로 등장했죠.

이정희 당시 대우 그룹은 중국에 어느 정도로 진출했었나요?

김병추 김우중 회장이 중국의 미래를 보고 기부를 많이 했습니다. 연변 초등학교에서 중국동포들이 당시에는 북한 교과서 지원을 받고 있었거든요. 그래서 맞춤법 등이 한국과 많이 달라서 대우가 한국 교과서 지원을 했어요. 이외에도 사회적 단체에 지원을 많이 했습니다. 김우중 회장이 보기에는 중국에서 비즈니스 하려면 사회적 활동이 필요하다고 생각했던 거지요. 김우중 회장은 당시 중국 내에서의 교육과 고용에도 앞장섰어요. 중국동포들 100명씩 한국에 데려와서 훈련을 시켜 현지에서 고용하도록 했죠. 또 당시에는 베이징대나 칭화대 등 명문대학을 졸업해도 중국 청년들이 자유롭게 취업할 곳이 별로 없었어요. 중국 정부가 거의 취업 자리를 지정해주긴 했지만, 1990년대 초 중국 회사원 월급이 80위안 정도였거든요. 그걸로 어떻게 사냐고 물어보면, 이발권, 식권 등이 국가에서 지급되기 때문에 먹고 산다고 대답하던 시절이죠. 그래서 대우가 중국 정부로부터 특별 허락을 받아서 중국 엘리트들을 비교적 높은 임금을 주고 직접 고용하기도 했었죠.

이정희 한중수교 이전에 대우가 가장 먼저 중국에 진출했었나요?

김병추 어느 쪽이 더 빨랐는지는 잘 모르겠지만, 제가 1991년에 베이징에 나갔을 때 SK도 진출해 있었어요. 처음에는 우리 두 기업밖에 없었죠.

이정희 당시 종합상사 직원에게 중국 주재원은 미국, 유럽, 일본 등에 비해 상당히 인기도 없고 심지어 기피 대상이라고 들었습니다. 선생님은 어떻게 대우 내에서도 최초 중국 진출자 그룹에 포함되었나요?

김병추 또 김우중 회장님 이야기를 해야 할 것 같아요. 당시 그 분이 '중국 시장은 잠자는 사자'이고, '언젠가 깨어나면 어마어마하게 성장할 것'이라고 이야기하셨어요. 사실 제가 1991년에 베이징에 주재원으로 나가기 이전, 1987년에도 대우는 중국과 교류를 하고 있었고, 특수한 경로를 통해서 중국 경제인을 한국에 들어오게 하는 일도 종종 있었죠. 제가 중국에 나간 건 농수산물 관련 부장 직위에 있었을 때였는데, 본부장님이 '지금 김우중 회장께서 중국뿐만 아니라 북한 장사까지 고려해서 베이징에 나갈 사람을 뽑는데, 한 번 지원해보지 않겠느냐' 하시더라고요. 당시 중국에서 한국으로 곡물이 막 쏟아지던 시절이었어요. 베이징 지사에서 농수산물 쪽 사람을 요구했거든요. 물론 본부장님이 이미 몇 명을 대상으로 얘기를 했지만 다들 안 나가겠다고 하던 참이었어요. 저도 처음에는 막막했는데, 한 편으로는 다른 사람들이 하지 않은 것이었고, 또 그곳에 가면 회장님과 직접 만날 일이 많아질 수 있다고 생각했죠.

이정희 대우가 다른 대기업에 비해 중국 진출을 좀 더 빨리 저돌적으로 들어간 측면이 있는 것 같은데, 대우 그룹 전체로 보면 어떤 상황이었나요?

김병추 김우중 회장이 적극적으로 추진했죠. 한 때는 대우 베이징 지사를 '중국 대우'라고 부르기도 했어요. 당시 김우중 회장이 모든 계열사 사장뿐만 아니라 중국 대우 현지 담당 임원들한테 중국 장사에 대한 로드맵을 제시했죠. 원래 모든 임직원들은 미국만 바라보고 장사를 했었는데, 자연스럽게 중국 쪽으로 옮겨가게 되었죠. 회장과 각 계열사 사장의 로드맵이 중국을 향했으니까.

이정희 당시 다른 종합상사, 예를 들어 삼성물산과 현대물산 등에 비해 대우가 더욱 빨랐던 거죠?

김병추 더 빨랐어요. 대우는 김우중 회장이 진두지휘했기 때문에 굉장히 빨랐죠. 당시 각 기업 베이징 주재원들이 한 달에 한 번 함께 조찬을 먹었어요. 처음에는 SK 주재원과 저 두 명이었는데, 매달 사람 수가 많아지는 거예요.

이정희 그 조찬모임은 어떻게 시작되었나요?

김병추 베이징 진출 초기였기 때문에 서로 정보 교환이 필요했죠. 예를 들어, 어느 날 갑자기 회사에 공안이 우당탕 들이닥쳐서 서류를 모두 가져가는 경우도 있었거든요. 세금 문제 등으로 중국 정부의 오해를 샀던 거죠. 이처럼 중국 현지에서 비즈니스 활동하면서 겪는 어려움 등을 미리 서로 공유하기 위해 시작했어요. 나중에 그 모임에는 우리 대사관 사람들도 참여하며 다양한 층위의 정보를 교환하는 모임으로 발전했죠.

이정희 몇 분 정도 참여했는지요?

김병추 초기에는 2명부터 시작했지만, 나중에는 2~30명 정도 모였던 것 같아요. 처음에는 대기업 종합상사 위주로 모였다가 나중에는 중견기업들도 참여했고, 코트라(KOTRA)와 대사관도 참여했죠. 이후 중국 활동에 굉장히 큰 도움이 되었어요.

이정희 그 조찬모임을 통해 특정한 합의를 도출하기도 했나요?

김병추 있었죠. 예를 들면, 현지 대우에 다니던 중국인이 그만두고 삼성이나 이런 곳으로 옮기는 경우가 많았거든요. 그때는 월급이 적으니까 1백 위안만 더 준다고 해도 다른 곳으로 옮기는 일이 빈번했죠. 그러면 기업 입장에서는 '얘네들은 실컷 가르쳐주고 나니까 다른 곳에 가더라'하고 불만이 나오게 되죠. 결국 다른 기업들도 같은 입장이고요. 그래서 '한국 종합상사 간에는 서로 그런 식으로 사람을 데려다 쓰지 말자'라는 규율 등을 만들고 이행했어요. 초창기엔 그랬습니다.

이정희 대우의 중국 합작은 1990년대 이전에도 있었다고 하셨는데, 그와 관련하여 좀 더 설명해주실 수 있을까요?

김병추 1988년도에 푸젠성 푸저우에서 대우가 중국인의 도움을 받아서 냉장고 공장을 세웠어요. 수출용 냉장고를 만들었고 아주 잘 나갔죠. 그런데 당시 김우중 회장은 수출보다 중국 내수의 중요성을 인지하고 있었지만, 중국은 외국기업이 내수 판매를 절대 못하게 했어요. 그래서 김우중 회장은 중국 내수 판매를 하기 위해 굉장히 많은 노력을 기울였어요. 오사카에서 열린 다보스 포럼에서 우연히 장NS 씨를 만났고, 김우중 회장은 중국 내수 판매를 하고 싶다고 했고, 장NS씨는 한국의 선진적인 종합상사 체계를 배우고 싶다고 한 거죠. 그리고 중국 정부도 한국 종합상사를 중국에 도입해보고 싶다고 하던 때였어요. 그래서 대우, SK, 그리고 일본 미쯔비시까지 세 곳의 종합상사와 중국 측이 합작기업을 만들었어요. 그런데 실제로 만들고 보니 한계가 많았고, 서로 간의 기대치도 다르다보니 결국 나중에 모두 해산했어요. 대우가 가장 오랫동안 남아 있었지만. 1987년에 대우가 6백만 달러, 중국 측이 같은 금액을 투자해서 NS대우가 설립되었죠. 그런데도 결국 중국 내수 판매량은 생각보다 적었어요. 내수 판매를 위해 헤이룽장의 무단장(牡丹江)에 제지공장도 설립하고 현지 금융업과도 많은 관계를 맺기도 했어요. 하지만 내수 판매목표는 몇 억 달러였는데 실제 성과는 몇 천만 달러 정도에 그쳤죠. 여전히 다양한 규제에 너무 많이 가로막혔어요. 그 대신 대우는 중국 현지 경제활동 '노하우'를 많이 배웠습니다.

이정희 대우가 전사적으로 뛰어들고, 중국 정부도 상당히 많이 도와줬는데도, 결국 당시 중국의 제도적·비제도적 장벽을 넘기 어려웠다는 거죠?

김병추 네. 당시 NS대우의 대우 파트너는 상하이시정부였어요. 상하이시 투자위원회에서 투자했기 때문에, 대우가 요청하면 상하이시에서도 많이 도와주려고 했죠. 그런데도 당시 중국 국가 자체의 제도적 규제는 여전히 굉장히 엄격했어요. 즉, 한 가지 새로운 것을 시도하면, 허가서 수십 개를 준비해야했죠. 또 한국에서 화학제품이나 철강 등을 가져와서 중국 내 창고에 쌓아두었는데, 허가를 기다리고 또 판매 적기를 기다리는 동안 창고에서 물건이 많이 없어졌어요. 창고를 관리하는 중국인들이 물건을 빼먹고 도망가는 거예요. 당시 70만 달러 정도의 제품들을 도난당한 적도 있었죠.

이정희 아까 NS대우 이사진이 중국인 3명에 한국인 2명이라고 하셨는데, 이러한 구성이 경영에 상당히 장애로 작용하지는 않았었나요?

김병추 결국 중요한 결정을 내려야 할 때는 서로 타협을 해야 하는 수밖에 없었습니다. 서로 첨예한 이익을 따지며 협의를 깰 각오하고 부딪힌 적은 없었어요. 제가 반드시 실행해야 하는 사안인데 중국 측이 반대하는 경우, 직접 중국 이사진을 찾아가서 설명도 하고, 가끔은 화도 내고, 어쨌든 서로 의논하는 구조였죠. 대주주는 중국 측이었지만, 사장직은 한국이 맡았기 때문에 밸런스가 유지되었죠. 아주 괜찮은 경영 형태였던 것 같아요.

이정희 중국 측과의 관계를 풀어나가기 위해 일상적으로도 많은 노력을 하셨을 것 같습니다.

김병추 제가 중국인 부총경리한테 아침마다 5~10분 정도 티타임을 갖자고 했어요. 그때 많은 이야기를 했어요. 제가 할 일에 대해서도 미리 언질을 주기도 했고, 그러면 부총경리가 협조를 잘해줬죠. 그리고 제가 부총경리한테 '만약 당신이 결정 못할 일이면, 상층에 이야기를 해라'라고 했죠. 그리고 필요할 때 제가 '위'에 가서 설명하고 양해를 구했어요. 그래서 매일 아침에 티타임을 가진 거죠. 그 날 별일 없으면 날씨 이야기도 하고 정부 이야기도 하고, 그냥 차만 마시기도 하고.

중국 내 한국인으로서의 사회적 삶

김판수 1990년대 중국에서의 생활이 가계에 미친 영향은 어땠나요?

김병추 한국에 있는 것보다 중국이 여러 가지로 좋았던 측면이 있었어요. 당시에는 외국인 전용 화폐 FEC(Foreign Exchange Certificate / 외화태환권)가 있었어요. 우리는 월급을 FEC나 달러로 월급을 받았는데, 그걸 암시장에서 인민폐로 바꿨어요. 그때는 우리 월급날 중국인 달러상들이 가방에 인민폐를 싸들고 회사 앞에 기다리고 있었어요. 우리 FEC를 1.5배 가치의 인민폐로 바꿔 줬죠. 월급이 3천 달러면 인민폐로 4천오백 달러 가치로 바꿔 준 거예요. 물론 공식적으로는 FEC를 사용해야만 했어요. 외국인들에게는 중국 물가가 너무 싸니까, 이를 현실화하기 위해 중국 정부가 외국인들 전용 상점을 만들었고 외국인들은 그 전용 상점에서 어느 정도 현실적인 가격으로 중국 물건을 구매하라고 한 거죠. 그런데 우리들은 중국어를 할 수 있었기 때문에 굳이 외국인 전용 상점을 갈 필요가 없었어요. 그냥 일반 시장에 가서 채소와 고기를 사고, 인민폐를 지불했죠. 결국 1994년 즈음 FEC가 폐지되었어요. 어쨌든 외국인 전용 거주지도 정해져 있었으니, 저희는 매우 안전하게 살았어요. 일부 한국인 여행자들이 조금 싸게 돌아다니겠다고 변두리 가서 돌아다니면 맞고 뺏기는 일도 있었지만요.

김판수 주재원들은 당시 중국에서 일종의 특권층으로 살았다고 볼 수도 있겠네요.

김병추 그렇죠. 외국인 주재원은 굉장히 돈 많은 사람이고, 건드리면 안 되는 사람이고, 자기 나라 발전에 도움이 되는 사람이고. 그렇게 인식되었어요. 음주운전으로 걸려도 외국인으로 행세하며 'I'm sorry' 하면 공안들이 그냥 보내줬다는 이야기는 화젯거리도 아니었죠. 물론 중국인들이 교통위반 했을 때는 완전히 달랐어요. 공안이 길바닥에서 운전하던 중국인 뺨을 때리던 시절이었으니까요.

김판수 당시 중국 사람들에 대한 인상을 말씀해주실 수 있는지요?

김병추 그때만 하더라도 그들은 절대 '내가 잘못했다' '내 잘못이다'라고 안 하더군요. 절대 자기가 잘못했다고 인정을 안 해요. 나중에 사실이 밝혀지면 사과를 하는 게 아니라 회사를 나가요. 생각해보면 역사적 경험 때문이었던 것 같아요. 문화대혁명 (1966~1976년) 시기에 아버지 또는 할아버지가 잘못을 인정하면 죽을 수도 있었고, 그걸 보면서 컸거든요. 요즘은 굉장히 많이 달라졌겠지만.

김판수 1990년대는 우리가 지금 알고 있는 중국과는 상당히 차이가 있는데, 2000년대에는 어땠나요?

김병추 대우 사태가 '꽝', 부도상태로 되면서, 저는 싱가포르 법인장으로 나가게 되었습니다. 싱가포르에서도 중국 상품을 한국에 보내는 일을 많이 했어요. 그러다 상하이에 2003년에 들어가서 2011년에 나왔죠. 2003년에 상하이에 도착하니까, 중국인들이나 한국인들이나 모든 이들의 관심은 부동산이었어요. 우리 옛날 개발 시대에 강남 땅값이 1년 만에 두 배로 뛰던 것처럼, 상하이에서도 2003년도에 그랬죠. 당시 제가 법인장이었는데, 주재원들이 회사에 보증을 서 달라고 결재를 올리는 거예요. 집을 사려고 중국은행에 돈을 빌리려니까 회사 보증이 필요하다는 거죠. 회사에서 거주비를 실비로 지급하고 있었는데, 주재원들 눈에 부동산 가격이 막 올라가고 있는 게 보이던 시절이었거든요. 그러니까 집을 살 수 있는 능력이 되면 회사가 지급하는 거주비만으로도 대출 이자를 갚고도 남았죠.

김판수 대개 어떤 방식으로 집을 구매했었나요?

김병추 우리 옛날처럼 줄서서 분양을 받았어요. 예를 들어 집값이 3억원인데 내가 1억 밖에 없을 경우, 분양받고 나오는 출구에 은행 직원들이 줄 서서 기다리고 있어요. 집을 담보로 돈을 빌리라고. 결국 3억 짜리 아파트에 1억은 내 돈을 넣고, 2억은 돈을 빌려서 사는 거죠. 이자는 회사에서 매달 실비로 거주비가 나오니까 그걸로 이자를 갚고. 그런데 2~3년 있으면 그게 2배가 되어서 6억으로 뛰어 있는 거죠. 그걸 팔아서 대출 갚으면, 결국 1억이 4억으로 된 거예요. 당시 상하이에서 한국인의 삶은 그야말로 '돈'이었다고 볼 수 있어요. 중국이 급속하게 경제발전하고 있는데, 그 방식이 딱 우리가 10년 전에 이미 겪었던 방식, 그 모양 그대로 갔던 거예요. 중국 은행에서 너도나도 자기돈 써서 집 사라고 부추기던 때니까. 그거 갚아나가면서 큰 돈을 벌었던 시기에요. 온 사방팔방이 다 돈에 미친 것 같은, 그런 시기였죠.

김판수 경제수도 상하이여서 더욱 그랬을까요?

김병추 그렇긴 하지만 베이징도 마찬가지였어요. 베이징 출장가면, 베이징에 있는 사람들도 2010년까지 모두 부동산만 생각하던 때였어요. 중국 부동산 업자들이 베이징 온 사방팔방에 건물을 짓고 있었죠. 그러면 대만인, 한국인, 일본인, 중국인 등 누구나 막 사는 거죠. 그렇게 부동산이 급격히 오르면서 중국의 빈부격차가 엄청나게 벌어졌어요. 중국 길거리에서는 우리 한국

보다 BMW나 벤츠가 훨씬 많아요. 동시에 여전히 수레하고 자전거들도 많이 다니죠.

김판수 가족 분들이 중국에 장기간 적응하고 정착할 때 겪었던 어려움을 소개해주실 수 있는지요?

김병추 결국 교육이죠. 1990년대 초 우리 애는 현지 초등학교를 다녔어요. 당시 베이징에 일본, 미국, 영국 등 5개국 대사관이 공동으로 투자하고 경영하던 국제학교가 있었는데, 줄이 너무 길어서 우리 애는 20번대 후반 번호를 받았어요. 현지 학교를 보내는 것밖에 방법이 없었죠. 그런데 애가 집에 와서 교과서를 읽는데, 마오쩌둥 찬양 내용을 술술 말하더라고요. 중국 국가도 따라 부르고. 섬뜩했어요. 그래서 집사람하고 함께 고민을 많이 했어요. '쟤네들 빨갱이 만드는 거 아닌가'하고요. 이런 교육 문제 때문에 단신으로 부임한 주재원들도 꽤 있었어요.

김판수 가족들에게 당시 중국에서의 삶은 어떤 의미가 있었을까요?

김병추 이런 게 생각이 나요. 우리 애들은 짜장면이 먹고 싶다고 했는데, 아무리 찾아도 파는 데가 없었어요. 그런데 1993~1994년 되니까 베이징에 '아리랑'인가 하는 음식점이 생겼어요. 드디어 짜장면이 한국에서 온 거에요. 중국식 말고 한국식 짜장면이요. 휴일마다 애들 데리고 가서 짜장면 먹여야 했어요. 애들한테는 한국식 짜장면이 그렇게 사무치게 그리운 것이었죠.

김판수 당시 중국 사회에 적응하는데 어려움을 겪지는 않으셨나요?

김병추 저는 중국에 왔으니 어느 정도는 그 사람들처럼 해야 하는 거라고 받아들이는 편이었어요. 하지만 많은 한국 사람들이 중국 문화를 비하하면서 스스로를 우월하다고 생각하는 경우가 많았죠. 예를 들면, 1990년대 중국 문화는 만나면 첫 번째로 하는 행동이 상대방에게 담배를 주는 거였어요. 어느 곳에서든지 함께 담배를 피우는 거죠. 그리고 그 사람들이 가래침 뱉는 것도 아무렇지 않게 받아들여야만 같이 다닐 수 있는 거예요. 그렇지 않으면 중국 사람들하고 잘 어울릴 수 없었죠. 중국인은 외국인이 자기들을 무시한다고 여기면 절대 친구로 받아들이지 않습니다.

김판수 개인 생활 측면에서도 당시 국영기업을 이용하면서 여러 에피소드를 경험하셨을 것 같아요.

김병추 초기에 외국인 전용 백화점에 구두를 사러 간적이 있었어요. 구두를 신어보려고 맞는 사이즈를 달라고 하면, 바로 나오는 대답이 '没有(없다)'였어요. 초기에 중국 상점에서 가장 많이 들었던 말이 '没有'였어요. 그걸로 끝이에요. 분명히 창고에 가면 있는데... 그래서 다음부터 백화점에 가면 우선 점원들 기분을 맞춰줬어요. '야 너 오늘 이쁘다', '옷 잘 입었네.' 이렇게 한참 아양을 떨어주고는 맞는 구두 사이즈를 가져다 달라고 해야 창고에서 가지고 와요. 그러다 2000년대부터 시장화가 거세졌고 개인 인센티브제도 확산되었죠. 이제 창고에도 없을 경우 '재고가 없으니 주문 해줄게'라는 식으로 마인드가 바뀌더군요.

중국의 계약문화와 비즈니스

김판수 결국은 중국교역을 하시면서 중국 사람들을 계속 만나는 이유는 계약을 따내기 위한 것이잖아요. 그런데 원래 계약의 경우 서면계약도 있고 구두계약도 있고, 또 암묵적 계약도 있잖아요. 우리나라의 경우 법치가 잘 정착되어 있는 편이지만 당시 중국의 경우 굉장히 모호하지 않았습니까. 그런 문제는 어떻게 해결하셨나요?

김병추 계약이란 게, 중국 계약에서는 그 믿음과 효력이 지역마다 좀 다른 것 같아요. 중국은 하나의 나라가 아닙니다. 화동지방, 화남지방, 화북지방, 동북3성 등 각각이 한 나라라고 봐도 될 정도로 문화가 다르죠. 계약도 그런 것 같아요. 상하이나 장쑤성 사람들은 그래도 서면계약을 굉장히 중시합니다. 그래서 상하이와 장쑤성에서 계약하려면 굉장히 까다로워요. 문구 가지고도 꽤 오래 다투고. 그래서 신뢰성 또한 높은 편이죠. 반면, 계약을 굉장히 쉽게 맺는 지역들, 예를 들어 동북3성. 여기는 계약의 의미가 별로 없었던 것 같아요. 잘 안 지키거든요. 오히려 좋은 꽌시를 통해 맺은 구두계약이 더 신뢰가 있었죠. 좀 더 거칠게 말하면 남쪽 지역으로 갈수록 문서로 된 계약이 더 중요했던 것 같아요.

김판수 지역적 차이 이외에 다른 영향 요인은 없을까요?

김병추 중국 법원은 중국 공산당에게 예산을 받습니다. 그래서 공산당이 관여하는 기업, 즉 공산당이 지분을 가지고 있는 기업들은 법 같은 것을 전혀 무서워하지 않아요. 계약은 쉽게 하죠. 하지만 문제가 생겼을 때, 상대측의 항의를 듣지 않아요. 재판을 해도 절대로 패하지 않는다고 믿거든요. 재판관이 법에 따라 판단하지 못하는 거죠. 공산당 내 상급에서 압력을 가하거든요. 어떤 대도시에서의 당 서열을 예로 들면, 당서기가 1번, 시장이 2번, 쭉 가다가 법원장 서열은 20~30번대에 나오거든요.

김판수 중국에서 비즈니스 활동과 술 문화가 결합되는 방식이 한국과는 조금 많이 달랐을 것 같은데, 초창기엔 어떠셨나요?

김병추 초창기에도 지역별로 조금 달랐어요. 지린성, 헤이룽장성, 랴오닝성 등 동북3성이나 화북지역 등은 호방하니까 술 좋아하죠. 처음 만나면 새로운 친구고, 두 번 만나면 오랜 친구다라며. 그런데 상하이나 광저우에 가면 백주(白酒)를 거의 안 마셔요. 가볍게 맥주나 와인을 마셨죠. 그리고 남방에서는 꽌시이런 것보다도 규정을 더 중시했어요. 물론 상대적이었지만.

싱가포르에서의 경제적 활동

이정희 2000년부터 싱가포르 대우 법인장으로 계셨잖아요. 싱가포르가 중국에 비해 면적 등이 작은 나라이지만 또 중국만큼 흥미로운 곳인데, 중국 본토에서 오랫동안 활동하시다가 싱가포르로 가셨는데, 어떠셨나요?

김병추 제가 3년 반 정도 있었는데, 싱가포르라는 나라는 참 특이한 나라예요. 세계지도를 펴고 적도 부근을 전체적으로 살펴보면, 그 근처 국가들 중에 발달된 나라는 싱가포르밖에 없어요. 성추행범 등의 파렴치범에게는 태형을 가하고 그에 더해서 최소 몇 개월 동안 구금합니다. 정해진 구역 이외에서 담배를 피우면 수천달러 벌금 고지서가 날아오고요. 즉 모든 사람들이 긴장하고 살아야하는 곳입니다. 그래서 싱가포르를 쓱 지나치는 사람들은 좋은 나라라고 생각하는데, 거기에 계속 사는 사람들은 정말 답답하거든요. 그래서 이 사람들이 싱가포르 내에서는 죄를 짓거나 하는 것을 조심하는데, 국경을 벗어나자마자 품행 등이 달라지는 것 같아요. 저도 싱가포르에서 2년 정도 사는 동안까지는 계속 다른 나라로 나가고 싶었어요. 외국인 노동자들을 많이 받아들이지만 비자를 6개월 밖에 안줬어요. 6개월 동안 범죄 기록이 없을 경우 비자를 연장해주고요. 싱가포르 인구의 약 70~80%가 중국 푸젠성 출신이에요. 싱가포르를 보면 중국 본토 사람들도 그렇게 법치에 적응하면서 변해갈 수 있겠구나 생각하게 됩니다.

이정희 당시 ㈜대우의 싱가포르 법인은 어떤 상황이었나요?

김병추 제가 싱가포르에 갔을 때는 IMF 여파로 대우가 여전히 힘들 때였어요. 당시는 대우 내에서 본부장들을 모두 잘라야 하는지 아닌지를 두고 갈등이 있던 때였어요. 결국 모든 본부장들을 해외법인으로 보내자는 결정이 내려졌죠. 사실 상사의 본부장은 영업 노하우를 고도로 축적하고 있는 키맨(keyman)들이었기 때문에 자를 수 없었던 거죠. 원래 싱가포르 지사의 목적은 금융 조달이었어요. 싱가포르에서 금융을 조달해서 본사와 주변 국가의 지사에 프로젝트성으로 공급하는 일이 많았죠. 하지만 제가 나왔을 때 싱가포르 법인은 사실상 파산상태였어요. 지사에서 현지 융자금을 갚지 못하는 상태였죠. 그래서 업무를 하려고 해도 현지 은행에서 무역 신용장을 안 열어줬어요. 당시 대우가 세계적으로 그런 상태였잖아요. 그래도 저는 운이 좋아서 컨테이너선 세 척을 팔았습니다. 굉장한 우연이지만.

이정희 어떻게 그게 가능했죠?

김병추 제가 싱가포르에 도착했을 때, 회사의 금융 기능이 마비된 상태였기 때문에 직원들이 놀고 있었어요. 법인장으로서 야단을 쳐야하는데도, '은행이 신용장을 열어주지 않는다'고 하니 야단을 칠 수 없는 상황이었죠. 원래 우리 ㈜대우가 모든 대우그룹 계열사들의 중심이었는데, 당시에는 모든 계열사들이 각 채권 은행에 의해 다 떨어져나간 상황이었죠. 그 상황에서 ㈜대우 싱가포르 법인만 남아있는 상황이었어요. 그러다 하루는 대우 조선해양 직원들이 싱가포르에 나왔어요. 연초라고 선주들에게 인사하러 온 거예요. 그런데 이 사람들이 와서 업무 볼 곳이 없다는 거예요. 계열사들이 모두 분리되었으니 우리 쪽 사무실을 쓰기 좀 그렇다는 거였죠. 그래서 제가 어떻게든 도와주겠다고 오시라고 했죠. 그리고 그 사람들을 우리 차로 각 선주들에게 모셔다주고 했는데, 그때 그 사람들이 배 이야기를 하더라고요. 그래서 우리 싱가포르 법인이 컨테이너선 세 척을 팔아주는 것으로 이야기가 되었어요. 즉 대우조선해양이 ㈜대우 싱가포르 법인에 팔고, 우리가 싱가포르 선주들에게 인도하는 것으로 된 거죠. 그렇게 파산 상태에서도 싱가포르 법인은 수익을 냈습니다.

이정희 다른 사례도 듣고 싶습니다.

김병추 제가 원래 본사에 있을 때 물자사업본부장을 했는데, 우즈베키스탄 면화가 한국으로 많이 들어왔어요. 그런데 당시 본사 금융기능이 마비된 상태여서 본사에서 LC(신용장)를 못 열고 있었어요. 면화를 사오려면 LC를 열어야 하거든요. 그래서 제가 싱가포르 금융 중 오스트리아계 은행의 은행장을 찾아가서 '이 거래는 확실한 거다, 우즈베키스탄은 면화 산업이 국책사업이기 때문에 절대 물리지 않는다'라고 설득했죠. 그래서 그 LC를 오스트리아 뱅크가 열어주게 됐고, 면화를 들여왔죠.

이정희 ㈜대우 싱가포르 법인은 나름의 돌파구를 찾고 있었군요.

김병추 사실 싱가포르 법인 자체로는 빨리 회복되고 있었어요. 다만, 당시 싱가포르 법인이 갚아야하는 부채가 2억4천만 달러 정도에 달했어요. 본사가 보증을 서서 싱가포르 법인이 돈을 빌려 본사로 보낸 돈이었죠. 그러니 싱가포르 법인 자체로는 무역 업무를 원활하게 할 수 없었던 거죠. 결국 부채의 엄청난 규모 때문에 본사에서는 싱가포르 법인을 없애기로 결정했어요. 그런데 해체 과정도 일종의 눈 가리고 아웅이었어요. ㈜대우 싱가포르 법인을 없애면서 대우인터내셔널 싱가포르 법인을 만든 거죠. 즉 결과적으로는 명의만 바꾼 거였어요. 물론 그것도 참 애를 많이 먹었지요. 채권자들이 동의를 해줘야 가능했던 거니까요. 그래서 채권자들에게 '있는 돈 다가져 가라' 한 거죠. 통장도 모두 내놓고, 금고에 있는 돈까지. 결국은 빚잔치라는 형태로 2억 4천만 달러 모두 일단 처리는 한 거죠.

이정희 싱가포르의 산업 특성은 주로 어디에 있나요?

김병추 물류 부문이 발달한 점은 아실 것 같고, 그 이외에 싱가포르는 기본적으로 금융 부문이 굉장히 발달했어요. 예를 들어 우리는 돈을 빌리려면 대개 담보를 제시해야 합니다. 그런데 싱가포르는 그런 게 없어도 자기들이 판단할 때 '이 사업 되겠다' 싶으면 그 사업 미래만 보고 돈을 빌려줍니다. 즉 프로젝트 파이낸싱이랑 트레이드 파이낸싱 기능이 굉장히 발달했습니다. 그리고 예금을 해도 대개 어떤 돈인지 묻지를 않아요. 검은 돈도 많이 들어갑니다. 그 외에도 싱가포르 사람들이 삼각무역에는 아주 귀신들입니다. 싱가포르에는 들이지 않고 한국 물건이나 중국 물건을 말레이시아나 인도네시아에 팔면서 중간 마진을 취하는 능력이 발달했죠. 즉 금융도 발달했으니, 중국에서 100원에 구매한 것을 바로 스리랑카에 120원에 되팔아서 20원을 먹는데, 그럼 은행에서 빌린 이자 갚고도 남거든요.

이정희 싱가포르와 홍콩의 차이를 어떻게 보시는지요?

김병추 홍콩은 자유롭긴 하지만, 이제 중국이거든요. 그런데 싱가포르는 완전히 독립된 나라죠. 그래서 마약이나 무기 대금 등은 홍콩에 못 들어가지만, 싱가포르에는 들어갑니다. 북한교역과 자금세탁 등은 싱가포르에는 들어갑니다. 그런 부분을 제외한 나머지 부분은 홍콩이 나을지도 모르겠어요. 홍콩에 비해 싱가포르는 좀 촌스러워요. 그러니까 싱가포르 정부는 금융의 완전 자유화의 폐해를 알면서도 모르는 척 하는 거죠. 그래야 자기들이 살 수 있으니까.

또 다른 중국 진출 경험, 국내 타이어기업 및 현지 로펌 활동

김판수 2007년에 NS대우에서 국내 타이어 기업 XT로 옮기셨잖아요. 어떤 계기였는지 궁금합니다.

김병추 IMF 이후 대우는 계속 '매각된다, 안 된다' 하다가 결국 포스코에 매각되었지만, 그 당시만 하더라도 계속 설왕설래가 있었어요. 결국 회사가 넘어가면 가장 먼저 잘리는 사람들이 임원들이잖아요. 당시 '캠코' 즉 한국자산관리공사에서 계속 대우 실사 나오고 그랬어요. 그때 XT에서 제안이 왔어요. 중국 사업을 하려는데 추천이 들어왔다면서. 대우만 28년을 다녔으니, 그만하면 됐다 싶어서 XT로 갔습니다.

김판수 그 당시 XT는 중국에 막 진출하려던 상황이었나요?

김병추 아닙니다. XT는 1994년에 이미 난징에 진출했습니다. 점점 제품이 잘 팔리니까 톈진에도 공장을 크게 세웠어요. 그 다음에는 창춘에도 지었죠. 그렇게 하다보니, 중국에서 매월 판매해야 하는 타이어 액수만 약 110만 달러 정도까지 치솟았죠. 그러니까 중국 전문가를 영입할 필요성을 느낀 거예요. 또 상하이에 판매 법인도 만들고 싶어했고요. 이거는 사실 외국계 컨설팅 업체가 제안한 거였어요. 공장이 생산에 집중해야지, 판매까지 담당하는 것은 말이 안 된다는 의견을 낸 거죠. 그래서 헤드헌터들에게 수소문해서 저를 영입한 거예요. 제가 부사장으로 가서 판매 본부장을 했어요. 제가 좀 운이 좋은 사람입니다. 많이 팔았어요. 나중에는 생산 물량이 모자랄 정도였죠. 그래서 거의 2년 만에 본사 사장으로 영전했어요. 중국뿐만 아니라 미국과 유럽에 대한 판매를 총괄하는 사장으로요. 그러다가 회사 내부 사정으로 다시 중국 총괄 사장으로 부임했죠.

김판수 당시 운이 좋았다고 하셨는데, 그래도 선생님의 중국에서의 경험과 역량이 잘 발휘되었을 것 같아요. 구체적으로 말씀해주실 수 있는지요?

김병추 원래 중국에서 타이어 판매 방식은 자동차 회사 공급(OE)하는 것과 각 성(省)별 대리상을 통해 공급(RE)하는 것이 있는데, 대리상을 통해 공급하는게 이익이 많이 남고 그만큼 어렵습니다. 대리상에게 물건을 공급하고, 대리상은 소매상에게 물건을 주는 구조에요. 그러니 우선 튼튼하고 자금력 있는 대리상을 확보하는 게 가장 중요합니다. 그래서 중국 각 성에서 세계 유수 기업들과 대리상 확보를 둘러싸고 경쟁하는 거죠. 이게 관건이었어요. 저는 항상 그 대리상들의 이야기를 들으려고 했고, 대리상들하고 원활한 소통을 이어갔어요. 문제제기를 들어주고 불만도 처리해주고. 그렇게 해주어야 대리상들이 제품을 열심히 팔아주죠. 미국과 유럽 등 외국계 기업 고위 관계자들은 중국말을 거의 못해요. 중국 문화에 익숙하지도 않았고. 반면에 저는 한두 달에 한 번은 각 지역에 가서 지역 대리상들과 함께 저녁도 먹고 좌담회도 열었죠. 그리고 그 사람들이 뭘 원하는지 들어주고, 다양한 문제들도 해결해줬죠. 나아가 대리상 하부의 소매상들도 일일이 만나서 애로사항들을 들어주었습니다. 이렇게 해야 장사가 됩니다. 굉장히 단순한 것 같죠. 그런데 그게 사실 굉장히 어려운 일입니다. 그들과 같이 술도 먹고 취하기도 해야 하지만, 그 와중에 중국어로 이야기를 들어주고, 또 그들의 문화적인 부분까지 가미해서 깊은 소통을 시도하는 거죠. 그래서 그때 우리 XT는 물론 WT도 굉장히 잘했습니다. XT와 WT를 합하면 중국 시장 마켓 쉐어 40% 이상을 차지하며 1위를 유지했던 때죠.

김판수 지금은 어떤가요?

김병추 재작년 즈음 그만 둔 이후 어떤 일로 그룹 회장님을 뵌 적이 있었죠. 그때 제가 한 가지 제안을 했어요. '이제는 중국 사람을 총경리로 고용하십시오'라고. 예전에는 한국 제품이 뛰어났어요. 그런데 지금은 중국하고 기술력이 거의 비슷해요. 이제는 제품이 아니라 마케팅으로 승부해야 하는 거죠. 그러려면 현지인이 가장 적합하지 않겠느냐는 의견을 낸 거예요.

이정희 그렇게 총괄 사장을 2년 반 정도 하시고 중국 법률법인 D라는 회사 고문으로 옮기셨는데, 어떤 곳인가요?

김병추 D라는 곳이 중국 로컬 로펌입니다. 중국도 법률 시장이 개방되어 있어서 외국계 로펌도 좀 들어왔지만, 중국에서 가장 큰 로펌이 D입니다. 변호사 인원수가 수천 명이에요. 그리고 중국 전역에 30여개 정도 소속 네트워크 법인이 있어요. 그 D가 우리 XT의 법률 고문이어서 그들과 자주 만났죠. 우리 XT 생산품이 중국 전역에 판매되었기 때문에, 전국 어디서나 분쟁이 발생할 수 있어서 비용이 들더라도 D와 함께할 수밖에 없었어요. D의 인적 구성도 상당히 고급이었고요. 당시 D는 장기적으로 한국 법률 시장 진출을 염두에 두고 있었어요. 하지만 한국 법률 시장은 아직 오픈이 안 되어 있어요. 한국에는 아직 외국인들이 로펌을 열지 못합니다. D는 언젠가는 한국도 법률 시장이 오픈된다고 여기고 저를 영입한 거죠. 중국에서는 가장 크지만 한국에서는 D를 아무도 모르거든요. 장기적 포석이었어요.

이정희 D의 역량을 좀 더 자세히 설명해주실 수 있나요?

김병추 이 사람들 수임료가 굉장히 높아요. 미국 대형 로펌들하고 비교해도 지지 않을 만큼. 그리고 법률 시장이 개방된 지역인 영국과 미국 등에 지사들을 설립하고 운영하고 있어요. 그래서 D는 큰 사건만 맡으려고 하죠. D의 강점은 법률 자체의 논리적 역량이 아니라 중국 지방 정부 등과 꽌시를 통해 허가 등을 얻어내는 것 등에 있어요. 예를 들어, 중국 A성에 공장을 지으려고 하는데 허가가 안 나거나, 토지 비용을 과도하게 청구하거나, 혹은 잘되고 있는 공장이 허가 취소 상황에 놓이면 D가 컨택해서 해결하죠.

한국 법률 시장이 여전히 꽉 닫혀 있지만, 그게 열리면 D가 들어올 겁니다. 아마 제일 먼저 들어오겠죠.

제 *1* 부

상하이에 정착한 선구자들

배제진 상해 경남국제무역유한공사 대표

배제진 대표 인터뷰는 2017년 1월(2회) 및 2018년 1월 등 총 3회 약 9시간에 걸쳐 진행되었다.

그는 대학교 졸업 후 1991년 작은 사무실을 빌려 개인회사를 설립했다. 그는 중국 동남부 연해 각지의 잡화와 수산물 등을 한국으로 수입하며, 중국 전역에 걸쳐 폭넓은 '경제지리적' 지식을 쌓았다. 또 1990년대 중반 큰 실패를 겪은 후 중국의 시골과 섬 등지에서 1~2년 정도 생활하며 깊은 현지화를 경험했다. 이런 지식과 경험을 바탕으로, 그는 1998년 이후부터 지금까지 중국 전역에서 생산되고 있는 잡화와 수산물 등을 미국 대형 한인마트로 수출하고 있다.

그가 거쳐 온 중국에서의 삶을 통해, 우리는 맨손으로 중국에 진출한 한국인이 어떻게 중국 서민·소상공인들과 교류하며 중국 사회에 깊이 뿌리내릴 수 있었는지 파악할 수 있다. 또 이렇게 중국 사회 깊이 뿌리내린 한국인이 어떤 계기로 다시 한국 사회와 친밀한 교류를 재개할 수 있게 되었는지도 관찰할 수 있다.

그의 경험은, 우리가 '문자'를 통해 접하기 힘든, 즉 '신체'에 각인된 살아있는 지식이다. 실상 우리도 매일매일 경험한 것들을 각자의 몸에 조금씩 기록하고 있다. 그러나 그의 구술에서도 알 수 있듯 '신체 기록의 문자화'는 고통을 수반한다. 그렇기 때문에 그의 이야기는 '나 또는 우리의 경험'으로 쉽게 공감될 수 있다. 그가 경험한 1990년대 중국에서의 사회경제적 삶이 한국사회 일반에 의미 있는 경험으로 공유될 수 있기를 희망한다.

1991년 중국 진출 이후부터 안정되기까지

김판수 먼저 중국에 처음 오게 된 과정을 이야기를 해주시기 바랍니다.

배제진 제가 1991년 10월 1일 중국에 왔습니다. 한중수교 전이죠. 삼성동 무역센터 거기서 안보 교육을 받고 들어와서, 현재 만 26년째네요.

김판수 한중수교 이전에 들어오셨군요. 최초에 중국에 들어왔을 때 기억나는 일들이 있나요?

배제진 1991년 10월 1일. 서울에서 홍콩으로 가서, 홍콩에서 다롄으로 들어갔죠. 그때 다롄 공항은 시골 역전 같았어요. 다롄에서 하룻밤 자고, 선양으로 해서 지린성 통화에 갔죠. 그때 물수건하고 나무젓가락 사러 왔어요. 당시 다롄에 개발국이 생길 때였어요. 통화시에 가니깐, 지금은 택도 없지만, 당시 지린성 방직국 국장이 저한테 통화시에 방문한 한국사람 1호라고 했어요. 그런데 그때 거기에 북한 사람이 있더라니까.

김판수 그때는 중국하고 북한이 서로 편하게 오가던 시절이었잖아요.

배제진 그때 저를 위해 통역했던 중국 사람이 자기는 지린성 어느 법원 판사라고 했어요. 그 판사는 월급이 너무 적어서 부업으로 한국사람 통역하면서 개인사업을 준비하고 있었어요. 그런데 나 보고 여기 북한 사람이 있다며 대화를 해보라는 거였어요. 전 그때 처음 중국 들어왔을 때라, 무섭잖아요. 홍콩 공항에서 비행기 떠서 중국 땅만 내려다봐도 '중공, 중공이잖아'하며 무서워했는데, 직접 북한 사람하고 대화를 해보라니. 제가 좀 꺼렸죠. 그 북한사람도 저를 꺼렸고요. 뭐, 그 이외에는 당시 중국에 처음 왔는데, 도덕적 혼란이 오더라고요. 제가 식당에 앉아서 밥을 먹는데, 연세가 60 정도 넘은 중국인이 저에게 자꾸 담배를 주면서 피우라는 거예요. 저는 그때 불과 20대 후반이었잖아요. 속으로 '어떻게 어른 앞에서 담배를 피우라고 이러나'하며 부글부글 했었죠. 그래서 제가 통역한테 '아니 이런 분들 앞에서 왜 젊은 사람이 담배를 피우냐고' 따졌더니, 중국에는 그런 금기 문화가 없다는 거예요. 초창기에 그런 문화적인 것부터 배우기 시작했던 것 같아요.

김판수 초기 중국의 한인사회를 어떻게 기억하시는지요?

배제진 저는 처음 중국에 왔을 때부터 빨리 중국어를 해야겠다고 마음을 먹었어요. 통역을 써도 너무 답답했거든요. 당시 저처럼 중국에서의 사업 희망을 품고 들어온 사람들 중 소수만 그랬죠. 1993~1994년도 이후에는 대기업 주재원들이 많이 들어왔어요. 그러다 1997년 한국에서 IMF 사태가 터지고 여기 상하이도 변화가 많았지요. 수많은 한국인들이 재기하려고 또는 도피하려고 순식간에 몰려 들어왔죠. 그때를 계기로 한국인들이 가장 많이 늘어났고, 대다수는 자영업자들이었어요. 1997년 당시 저는 이미 중국어를 거의 완벽하게 구사하고 중국 사람들하고 자연스럽게 교류했었어요. 중국동포 직원 한 명도 없이 저 혼자 다녔거든요. 그런데 그때는 한국인이 중국말을 잘하면, 한국 사람들로부터 꺼림을 당했어요. 심지어 '중국말 잘하는 한국 사람은 사기꾼'이라는 말까지 있을 정도였지요. 1997~1998년 즈음 한국 사람들 사이에서는 중국에 와서 조심하고 꺼려야 할 사람 1호가 중국말을 잘하는 한국 사람이라는 말이 돌았어요.

김판수 지금과는 전혀 다른 분위기였군요. 지금까지 어떤 사업을 주로 하셨나요.

배제진 저는 초창기에 한국에 설립한 제 개인회사를 통해 중국의 나무 젓가락과 물수건 같은 잡화를 한국으로 가져가서 팔았어요. 1997년 이후부터는 중국 수산물을 미국으로 수출했죠. 저의 미국 쪽 바이어들은 한인마트에 물건을 넣거나 아니면 직접 한인마트를 운영하는 분들이에요. 제가 지금 거래하는 미국 바이어는 4명인데, 시카고하고 LA에 있는 두 분은 거래한지 20년 됐습니다. 한 번도 안 끊기고.

김판수 그 분들도 한국인인가요? 어떻게 그렇게 오랫동안 거래를 할수 있었죠?

배제진 재미교포죠. 여러 사람들이 물어봐요. 부부도 그렇게 오랫동안 같이 살기 힘든데, 장사를 하면서 어떻게 20년 동안 이어올 수 있었느냐고. 저는 그때도 지금도 똑같은데, 항상 제가 가져오는 가격을 오픈합니다. 지금도 제가 수산물 거래를 하고 있는데요, 전 그 가격표를 바이어에게 바로 토스해버려요. 그러면 미국 바이어가 저하고 가격 흥정을 하지 않아요. 가격표를 받은 바이어가 저한테 현지 가격을 좀 다운 시켜보라고 요청하면 제가 중간자로서 중국 현지 공장 등에 제안을 합니다.

김판수 그럼 중간마진은 어느 정도 갖는 건가요?

배제진 제가 수출하는 양의 몇 퍼센트를 바이어들로부터 받습니다.

김판수 일종의 수수료를 받으시는 셈이군요.

배제진 그렇죠. 제 명함 중에 미국 바이어 분들이 원하셔서 만든 게 있어요. '시카고푸드 코퍼레이션'이라고, 제가 그 분들 회사의 중국 지사 대표로 되어있어요(웃음). 그 분들이 저하고 초창기에 중국 현지 공장, 수산물시장, 박람회 등을 같이 다녔거든요.

그래서 그 분들이 저하고 명함을 같이 쓰자고 하셔서 만들었죠. 그렇게 해서 20년을 이어온 거예요. 뭐 제가 미국 들어가면 그 분들은 '우리 지사장 오셨네' 합니다. 월급은 10원도 안 주면서(웃음). 저는 중국에 오래 있으면서 돈 보다는, 오랫동안 잘 버텨온 거를 대단하게 여기고 있습니다. 지금은 평소에 느긋하게 돌아다니는 편이에요.

김판수 일은 어찌시고요.

배제진 저는 아침 6시에 딱 의자에 가서 앉아요. 습관처럼. 컴퓨터 켜서 주문 들어온 거 확인하고, 필요한 연락을 취하고, 아침 9시가 되면 업무 끝이에요. 더 할 일이 없어요. 그리고는 골프 치러 갑니다. 제가 골프 칠 때는 미국에서 전화 안 와요. 왜? 거기는 자거든요. 그래서 저는 월요일에 골프 치는 걸 좋아합니다. 미국은 일요일이잖아요. 그리고 20년 이상 비슷한 아이템, 같은 바이어, 기존의 공장들하고 장사를 했잖아요. 제가 반도체 산업처럼 신기술 개발할 것도 없고요. 그러다보니 시간이 좀 많이 남아요. 물론 업무 자체는 스톱이 없습니다. 지금도 미국 나갈 물건들이 중국 전역의 곳곳에서 작업 중이에요. 저쪽 지방에서는 대나무 젓가락 작업하고 있고, 다른 지방에서는 생강 지금 스탠바이 들어가 있고, 아래 지방에서는 씨푸드 작업하고 있고. 또 김도 내보내야 하거든요. 내일 또는 모레부터 작업 들어갑니다. 만약 제가 공장 편에 붙어서 미국 바이어를 괴롭혔다거나, 또 바이어 편에 너무 붙어서 공장을 괴롭혔다거나 하면, 이런 체계화되어 있는 거래선들이 벌써 무너졌겠죠. 양측 모두 제가 중간에서 빼먹는다고 생각할 수도 있고요.

김판수 말씀을 들어보면 그렇게 느긋한 생활도 아닌 것 같아요.

배제진 여유가 있지만 그렇다고 바쁘지 않은 건 아닙니다. 예를 들어, 수산물 같은 경우에는 오늘 직원을 채용해서 내일부터 일을 맡길 수 있는 품목이 아니거든요. 각종 수산물마다 퀄리티를 파악하는 방법, 각 수산물을 구매하려면 어느 지방의 어디에 가야하는지, 각각의 가공 방법 등은 물론이고, 나아가 바이어가 어떤 상태의 오징어를 좋아한다든지 등 이런 세세한 것들을 모두 신속하고 정확하게 체크할 수 있어야 합니다. 특히 수산물 종류는 너무 많잖아요. 그걸 제대로 배우고, 또 자기 스스로 판단해서 물건 실어 보내고, 나아가 바이어 마음에 들게 하려면, 1~2년 만에 되는 게 아닙니다. 김 한 품목에서도 스시용 김 제대로 고르는 법만 배우려고 해도 한 2~3년 필요합니다. 아직 저한테 수산물 보는 법을 배우는 사람이 없어요. 물론 배우고 싶어 하는 친구들 많죠. 그런데 그렇게 사람을 키우려면 제가 또 중국 전역을 함께 돌아다니면서 힘들게 가르쳐야 하잖아요 (웃음).

김판수 그래도 빨리 후임을 키우셔야 할 것 같은데요.

배제진 사실 LA 쪽 바이어는 이미 사위가 물려받았어요. 사위가 지금 저한테 발주하고 있거든요. 대물림이 된 거죠. 그래도 저는 오래 일하고 싶어요. 80세까지 일하고 싶어요. 요즘에는 사람이 일을 안 하면 빨리 늙는다잖아요. 제가 20년 전에 만난 LA쪽 바이어 한 분은 현재 84세입니다. 지금도 비즈니스 하세요. 직접 LC 어플리케이션 만들고 은행에 가서 신용장 열어요. 그 분이 저의 롤모델이죠. 84세인데 미국에서 비행기 타고 여기 상하이까지 옵니다. 제 일은 나이가 많아도 감각만 살아있으면 좋은 질의 물건 찾아서 보내줄 수 있으니까요. 매년 수출액이 꽤 되는데, 그 모든 일을 저 혼자 다 처리합니다.

김판수 수교 이전에 오신 분들 중에 북한 무역 때문에 오신 분들도 많이 있다고 들었습니다. 특히 대우나 현대 등 대기업 중심으로요. 당시 북한 무역에서 가장 중요한 것도 수산물이었다고 하더라고요.

배제진 그게 1990년대 초였어요. 제가 처음 북한 제품을 접하게 된 게 소라입니다. 당시 북한에서 경운기 몰고 드럼통에 소라를 싣고 단둥에 와서 삶아서 팔았어요. 1992년도였어요. 그 소라를 제가 딱 알맹이만 1킬로씩 담아서 한국으로 팔았어요. 제가 중국에 와서 최초로 한 북한 거래가 바로 그거예요. 그런데 그거는 통일부에 가서 원산지가 북한 거라고 해서 관세를 안 냈어요. 내국, 즉 같은 나라 안에서 거래하는 거라고 관세를 안 냈습니다. 그 이후에도 통일부 가서 북한 물건이라는 거 증명하고 관세를 안 냈죠.

김판수 제가 듣기로는 1991년 이후에는 한국 정부에서도 규제했다더군요.

배제진 그 이후에는 북한 교역이 힘들었지만 얼마간 조금씩은 할 수 있었고 또 많이 남았어요. 초창기에 북한 문어하고 소라 등을 한국으로 3만 달러 정도 가져가면 5만 달러 정도에 팔았어요.

김판수 그때 북한도 혹시 들어갔다 나오셨나요?

배제진 저는 한 번도 간 적이 없습니다. 그때 북한 가려면 중국 사람들은 통행증 끊어서 갔죠. 우리도 북한 가는 방법은 여러 가지가 있었을 텐데, 제가 아는 방법은 가짜 신분증이었어요. 당시 중국 내에서는 가짜 신분증 쉽게 만들었거든요. 여권도 만들려면 만들 수 있었어요. 북한 들어가는 검문소에 담배 한 보루씩

주면서 들어갔다고 하더라고요. 1990년대 후반에도 중국인들이 이북에 가서 이북 수산물 가져와서 중국에 내다 팔려고 많이들 왔다 갔다 했어요. 제가 아는 중국 친구도 있고요. 그런데 갔다 와서 하나같이 '아직 멀었다'고 했어요. 당장 좀 벌 수 있을지 몰라도.

김판수 이후에는 어떤 곳을 주로 다니셨나요?

배제진 저는 그때 중국 수산물 나오는 각지를 알아보러 돌아다니느라, 랴오닝성 다롄에서 푸젠성의 샤먼까지 돌아다녔어요. 중국은 수산물 나오는 지역들이 모두 다르거든요. 예를 들면 조기는 산둥성하고 저장성에서 나오죠. 가끔 한국 사람이 상하이 와서 대구를 사가겠다고 하더라고요. 대구를 여기로 사러 오면 어쩝니까? 산둥성에 가야지. 그것도 모르고 중국 들어 온 사람 많았어요. 그래서 안타까운 일 당한 사람들도 많죠.

김판수 어떻게 그런 지식을 얻게 되었는지요?

배제진 제가 1990년대 중반 베트남 근처 중국 접경 지역부터 연안 지역을 훑기 시작해서 선전, 산터우, 샤먼, 푸젠, 원저우, 쑹먼, 닝보, 르자오, 칭다오, 옌타이, 웨이하이, 다롄, 단둥 등 안 가본 데가 없어요. 그래서 어느 순간부터는 몇 월에는 어디서 뭐가 나오고, 몇 월에는 또 어디서 뭐가 나오는 것을 다 알게 됐죠. 기록하지는 않았어요. 그냥 머릿속에 다 있어요. 어디에는 12월에 잡은 삼치가 맛있다, 수온하고 관련 있으니까. 아귀는 몇 월에 작업하기 좋다. 7월 달에 잡은 새우젓이 몇 센티 길이라서 좋다 등등 다 머릿속에 들어가 있죠. 지금도 1월이니까, 오늘도 제가 새벽에 시카고에 전화해서 바이어 분께 '명태하고 대구 주문 안 해요? 할 때 됐는데? 인벤토리 한번 보세요' 하니까, 거기서 '어, 주문할 때 됐네'라고 답이 왔어요. 곶감 같은 것도 미국에 20년 내보냈어요. 올해는 곶감이 문제가 있어서 아직 작업 안 들어갔지만.

김판수 미국 바이어 분들은 당시 중국 한인 사회를 어떻게 인식했나요?

배제진 미국 바이어 분들도 하시는 말씀이, LA와 시카고처럼 여기 상하이도 똑같아졌대요. 여기 상하이 한인촌에 들어오는 사람들은 10년 지나도 중국말 못하는 사람이 많아요. 그러니 바이어 분들이 저를 처음에 좋게 본 게, 중국 온지 아직 10년도 안 된 친구인데 중국어를 너무 유창하게 하고, 심지어 중국인들에게 중국어로 야단치면서 일을 잘 처리하니까. 그래서 저한테 거래를 계속 맡기려고 마음을 먹었다고 하더라고요. 당시만 해도 상하이 한국인들은 중국말 하는 한국인을 꺼렸는데, 외국에서 온 우리 중국동포들은 오히려 인식이 선진화되어 있었던 거죠. 지금도 미국 바이어분들 상하이에 오시는데, 저하고 2~3일 동안 골프치고 놀려고 오세요. 모두 1990년대 말 저하고 함께 온 중국 천지를 돌아다녔죠. 그 분들이 진짜 성공한 분들이죠.

한중수교 이전 중국 진출 계기

김판수 1991년도 10월에 처음 중국에 오셨다고 했는데, 당시에는 아직 한중수교도 안되었을 때였잖아요. 어떤 계기로 중국에 들어오게 되었는지요?

배제진 사람들이 저한테 가장 많이 질문한 내용입니다. '우째 중국을 왔습니까?'라고. 저는 28살 즈음 부산 중앙동에 조그만 사무소를 냈어요. 대학 졸업하자마자. 저는 직장생활을 하루도 안했어요. 집은 가난했어도 취직보다는 항상 장사를 하고 싶다고 생각했죠. 그러다가 그냥 우연히 중국을 한 번 가볼까 하는 생각을 했어요. 그래서 여행사에 '중국 가려면 어째야 되는데'하고 물어보니까, 안보 교육 받은 후 '안보 필증' 가져오면 비자를 준다고 하더라고요. 그래서 뭐 비행기 타고 홍콩 거쳐서 들어왔죠.

김판수 사장님 말씀을 들어보면 당시 중국 진출이 특별하지 않은 것처럼 여겨질 수도 있지만, 수교도 되지 않았던 1991년도에 한국인이 아무런 계기 없이 '중국 한 번 가볼까'라고 생각하고 또 실행에 옮겼다는 것은 정말 특별한 사례로 봐야 할 것 같은데요.

배제진 그렇긴 하죠. 제가 당시 엄청 촌놈이기까지 했었으니까요. 어느 정도였냐면 여행사 직원이 저한테 주의사항을 적어줬는데, '홍콩 가자마자 시계를 뒤로 한 시간 돌리라'였어요. 그런데 제가 긴장해가지고 그걸 까먹은 거예요. 오후 2시인가 4시인가 비행기였는데, 제 시계로는 이미 비행기가 떠버린 시간인 거예요. 급하게 게이트 달려가서 보딩패스를 주니까, 저에게 계속 기다리라는 말만 했어요. 그제야 여행사 직원이 저한테 했던 말이 생각나 시계를 돌리고 보니까 아직 게이트 문도 열지 않았다는 것을 알았죠. 제가 처음 외국에 나온 것이고, 처음 외국 비행기를 탄 상황이었으니까요. 옛날에는 비행기 타면 부르주아라 했잖아요. 어쨌든 중국을 그냥 쉽게 아무 생각 없이 온 거죠. 제가 중국 간다고 주변에 이야기를 하니까, 제가 아는 전라도 분이 '가거들랑 이것 좀 알아보지?'했는데, 그게 나무젓가락이었어요. 부산에 또 아는 분이 '이것 좀 알아보지?' 그게 물수건이었고. 그래서 중국에서 잡화 같은 것들을 수입까지 하게 되었던 거였죠.

김판수 그 분들은 이미 중국에서 그걸 저렴하게 수입할 수 있다는 것을 알고 있었다는 거죠.

배제진 알죠. 수교가 안 됐더라도 중국 물건은 이미 한국에 들어와서 팔리고 있었으니까요.

김판수 그때 중국 간다고 했을 때, 가족 분들의 반응은 어땠나요?

배제진 무서워했죠. 중국을 간다니까, 당시에는 중국이라 안 하고 '중공'이라 했잖아요. 지금 생각해보면, 그저 운명이었다고 생각합니다. 내 운명이었지, 내가 결정해서 온 건 아니다. 그렇게 생각합니다.

김판수 그때 중국 간다고 하셨을 때, 부모님께서는 어떤 반응을 보이셨나요?

배제진 반대 안 했죠. 왜냐면 1991년도 당시에, 우리나라에 핸드폰이 막 생겼잖아요. 1980년대 후반 그때. 제가 카폰 들고 다니면서 무역하니까. '아, 우리 아들은 전화기를 들고 다니네' 그런 반응을 보이셨으니까요(웃음). 당시에는 빽으로 취업 많이 했으니까, 처음엔 저희 아버지가 '포항제철에 들어가서 일을 해볼래?' 하셨어요. 그때 저는 '아버지, 저는 그런 거보다는 내 일을 하고 싶습니다'라고 했죠. 그래서 중앙동에 조그만 사무실 차렸거든요. 거기가 당시 무역촌이었잖아요. 저는 원래 무역 쪽으로 사업을 하고 싶었고, 그래서 중국을 막연한 희망을 가지고 보았던 것 같아요. 올해가 햇수로 중국 진출 27년째니까, 제 인생의 반을 중국에서 보냈어요. 솔직히 이제 노래방에 가면요, 1990년대 이후의 한국 노래를 몰라요. 그 전 노래만 알죠.

중국 진출 이후의 굴곡

김판수 상하이는 언제 처음 오셨나요?

배제진 제일 처음 상하이 땅 밟은 게 1992년인가 1993년도에요. 그 전에는 다롄하고 선전 쪽에 많이 있었어요. 상하이에 완전히 정착한 거는 1998년부터였고요.

김판수 상하이에 정착하기 이전에는 주로 중국 어디에서 활동을 하셨나요?

배제진 상하이에 정착하기 전에는 서울과 선전을 엄청 많이 오갔어요. 일주일에 한 번씩. 케세이퍼시픽을 주로 타고 다녔죠. 그때 케세이퍼시픽이 왜 좋았냐면, 뒤에서 담배를 피울 수 있었거든요. 747 타면 뒷부분 양 옆에 빨간 딱지 딱 붙어 있었어요. 그 뒤로는 비행기 내 흡연실이었던 거죠.

김판수 저는 버스 흡연까지는 기억하는데, 비행기 흡연실도 그렇게 먼 과거는 아니었군요.

배제진 그럼요. 비행기에서도 담배 피우던 시절이었죠. 의자에 앉으면 옆에 재떨이도 있잖아요. 옛날에는 실제로 썼어요.

김판수 아, 그게 원래 재떨이였나요?

배제진 그럼요. 재떨이에요. 앉으면 환기기능이 있어서, 담배를 피우면 냄새는 났지만 깨끗했어요. 그 당시에는 담배 냄새 싫어하는 사람들이면 무조건 앞자리에 갔죠. 우리는 무조건 흡연석.

김판수 왜 다른 지역도 아니고 중국 선전 지역에 주로 다녔나요?

배제진 그때 선전에 중국 각지 물건을 가져다가 쟁여놓는 창고가 어마어마하게 큰 게 있었어요. 그때는 중국 물건 사려면 내지에 안 들어가고 선전 창고에 가서 샀거든요. 거기서 바이어를 부르는 거예요.

김판수 진출 초기에 어떻게 중국에서 사업을 할 수 있었는지 궁금합니다. 당연히 통역에 의지를 했겠죠?

배제진 네. 중국동포를 통역으로 고용했죠. 옛날에는 우리가 중국 공항에 딱 내리잖아요? 상하이 공항도 마찬가지고. 중국 공항에 내리자마자 민박 피켓 들고 있는 사람들에게 '내가 임시로 일 좀 해야 되는데, 사람을 좀 구해주시오'하면 통역을 바로 구해주던 시절이었죠. 사람 구하는 거는 지금보다 훨씬 더 쉬웠습니다. 그때만 하더라도 한국 사람을 따라다니며 일 하려고 애쓰는 중국 사람이나 중국동포가 어마어마하게 많았거든요. 그런데 저는 초창기부터 통역을 없애버리고 중국말을 직접 배우려고 했어요. 왜냐하면 통역한테 당했거든요.

김판수 몇 년도였죠?

배제진 1991년도에. 1992년도에도 당하긴 했죠. 1993년 말에는 통역한테 당해서 물건을 잘못 실었다가 작살난 적이 있었어요. 그런데 제가 중국동포를 배제하고 혼자 해야겠다고 마음먹은 게, 그때 사업이 자빠지고 난 후였어요. 제가 거기서부터 한동안 내리막을 걷기 시작했어요. 본전 찾으려면 한국에 있으면 안 되겠다 싶어서 중국에 눌러앉았죠. 물론 한 컨테이너 해봐야 얼마 안 되니까 싸게 팔면 되는데, 아예 못 쓰는 걸 실었어요. 그 전에도 중국말을 조금 했는데, 1993년 이후에는 내 의사를 정확하게 전달할 수 있는 능력을 길러야 된다고 생각했어요.

즉 많이 적을 줄 아는 것 보다, 많이 뺄을 줄 알아야 된다고. 사업하는 사람은 손이 아니라 눈을 쳐다보고 말로 해야 한다고. 아주 삼십대 초중반에 제대로 망해본 거예요. 그 뒤로는 가진 게 없으니까 망할 게 없더라고요. 의욕만 있고 가진 게 없었으니까요. 겁나는 게 없잖아요.

김판수 1993년 말부터 내리막을 걸었는데, 그 당시 중국에서 어떤 경험을 했었나요?

배제진 한 1~2년 정도는 아예 사업이고 뭐고 손 놔 버리고, 중국 시골의 한 회사에 들어갔어요. 중국어를 배우려고. 한 달에 2천 위안 정도 월급 받고 중국인들하고 같이 숙소에서 살았죠. 그때 중국에 대해 정말 많이 배웠고, 중국식 마인드에 대해서도 깊이 이해하게 되었어요. 당시 한국에 들어가면 사람들이 저보고 '아무리 봐도 너는 중국사람 같다'고 그랬어요. 지금 상하이 홍췐루 한인촌에 들어와서 살고 있는 한국 사람들은 경험하기 힘든 시절이죠. 그때 저는 20~30 위안짜리 초대소(招待所)[1] 같은 곳에서 잠을 자면서 출장 다녔어요. 지금 한국 사람들의 생활 수준에서는 중국 깡촌의 20~30 위안짜리 남녀 혼숙하는 방에 투숙한다는 것은 상상하기 힘들죠. 물론 그때도 법적으로 외국인들은 초대소에 잠을 잘 수 없었어요. 여권 들이밀면 안 재워주니까, 저는 중국 사람인 척 했죠.

김판수 언제 다시 회복했나요?

배제진 음... 1996~1997년 두 해는 제 인생에서 가장 힘들었던 시기에

---

[1] 한국의 여인숙과 비교되는 중국에서 가장 낮은 등급의 숙박업소에 해당한다. 일반적으로 '방'을 빌리는 것이 아니라 '침대'를 빌려 투숙하는 형태이다.

요. 1998년도에는 완전히 마음을 내려놓고, 아무 사업도 하지 않고, 그냥 1년을 보내기도 했어요. 그러다 1998년 말부터 조금씩 살아나서, 1999~2000년에는 거의 회복한 시기고요. 2003년도에는 완전히 기지개를 폈어요. 그 이후 안정이 되었고요. 이제는 미래가 눈에 보이는 것 같아요. 제가 이제 50 중반인데, 벌써 살아왔던 길이 보이고, 또 살아갈 길도 보이더라고요. 저는 중국 현지에서 자영업만 오래 했잖아요. 다른 사람보다 좀 더 많이 겪었다고 생각해요. 그래서인지 지금은 주변 사람들도 저를 볼 때 편안해하고, 저 스스로도 사업을 하고 있지만 쫓기지 않고 나름 여유를 가지면서 활동을 하죠.

김판수 중국에 물품을 구매하러 온 미국 교포 분들을 만나면서 회복을 하게 되었군요?

배제진 그렇죠. 그때 미국 바이어 분을 만났거든요. 지금 20년 됐다고 했잖아요. 그때부터 아예 미국 쪽하고만 사업 하면서 미국 마인드와 마주치고 적응되니까 마음이 너무 편하더라고요. 왜냐면 그 사람들은 정말 쿨하게 여유를 즐기거든요. 예를 들어, 2002년도부터 미국 바이어 분이 골프채를 사와서 저에게 같이 치자는 거예요. 그렇게 제가 그 분들하고 치다가, 나중에는 다른 한국 사람들하고 골프를 쳤는데, 너무 큰 차이가 있었어요. 미국에서 온 바이어 분들은 티샷 해놓고 풀을 쓰다듬으면서 '너무너무 좋다' 이러는데, 한국 사람들은 골프 치니까 이건 그냥 돈 내기에 점수 위주로. 심지어 욕도 막 하고. 그러니까 저도 한국 사람하고 칠 때는 화를 내고 있더라고요. 지금은 골프 치러 가면 점수를 안 적어요. 1번 홀에서 18번 홀 끝날 때까지 같이 즐기고 웃으면서 걷는 거죠.

김판수 1997~1998년에 중국에서 힘든 시기를 보내셨을 때, 한국은 막 IMF 시기로 돌입했는데, 사장님은 오히려 그 시기에 회복하기 시작했네요.

배제진 사실 저는 1998년 이후에는 상하이에만 있었기 때문에 한국의 IMF 상황을 잘 몰라요. IMF 시기에 우리나라 사람들이 어떤 식으로 느꼈는지 잘 모릅니다. 더구나 그때 이후에는 제가 상하이에 혼자 살았을 때니까 돈 욕심도 없을 때였거든요. 2004~2005년에 살짝 어려워지긴 했어요. 그래서 그때 제가 상하이 집을 팔아버렸어요.

상하이에서 중국인 명의로 집 구매하기

김판수 중국에서 처음 부동산을 구매한 시기는 언제였나요?

배제진 저는 2000년도에 집을 샀어요. 상하이 외곽에다가. 사실 외국인은 2002년도부터 합법적으로 부동산 구매를 할 수 있었잖아요. 그런데 저는 그냥 2000년도에 하나 사고 싶어서 샀습니다.

김판수 중국인 명의로요?

배제진 그렇죠. 그때 외국인은 부동산 구매가 안 됐으니까요. 저는 평당 3천 위안에 샀어요.

김판수 2000년에 집 사셨던 얘기를 구체적으로 듣고 싶습니다. 당시에는 합법적이지도 않았고, 합법화된 2002년 이후에도 얼마 동안 많은 대다수 한국인들은 중국 부동산 구매에 부정적이었거든요. 사장님은 어떻게 2000년에 집을 사야겠다고 결정할 수 있었나요? 심지어 중국인 명의로.

배제진 중국 친구가 상하이 부동산이 괜찮을 거라고 저에게 하나 사라고 계속 추천했어요. 앞으로 집값이 오를 거라고. 그 친구가 사라고 해서 약 120㎡ 아파트를 샀어요. 약 40만 위안 들었습니다.

김판수 그때 환율이 대략 120원이었으니까, 한화로 약 5천만원 정도였겠네요.

배제진 그렇죠. 상하이 집값이 오르기 시작할 때, 제가 상하이 친구들한테 집 사라고 해서 저 때문에 돈 번 사람 많아요.

김판수 상하이에서 집을 1개만 사셨나요?

배제진 1개만 샀었어요. 그런데 그 집을 팔아버렸죠. 집을 팔기 전에는 제가 한인촌 근처에는 아예 오지도 않았었어요. 집을 팔고 나서 그 동안 외롭게 오래 살았으니까, 이제 한국 사람들도 있는 데서 살아보자 해서 왔어요. 이전까지는 상하이 변두리에서만 살았죠.

김판수 명의가 사장님 소유로 되어있지도 않았었는데, 꽤 오랫동안 유지했네요.

배제진 집값이 막 뛰었으니까요. 사실 집을 팔아야 할 정도까지는 아니었는데, 집값이 몇 배 오르니까 그 중국 친구 태도가 조금 달라지더라고요. 그래서 마음을 먹었죠. 변호사 선임해서 팔았어요. 연락 끊기면 끝이니까. 그 집은 제 명의도 아니지, 공증도 안했지, '아 이거 안 되겠다' 했었죠.

김판수 집 소유권까지 맡길 정도면 그래도 정말 친한 사이였으니까 가능했을 것 같아요.

배제진 그렇죠. 제가 항저우에 살 때 만났던. 사실 제가 정말 힘들고 이랬던 건 이야기를 안 하려고 그러는데, 정말 많이 힘들었어요. 진짜로요. 그때는 담배꽁초 주워서 피우기도 했던 시절이었어요. 당시 제가 힘들었던 거 이야기하고 싶지가 않아요. 말 못해요. 저는 이제 집사람과 같이 오순도순 살고 있기 때문에, 옛날 그런 추억들은 떠올리고 싶지가 않아요, 솔직히.

김판수 그런데 왜 상하이 중심가가 아닌 상하이 변두리 아파트를 구매했나요?

배제진 재테크를 특별히 잘하는 사람이 있더라고요. 저는 20대 후반부터 물건을 사서 판매하는 장사를 했잖아요. 그러니까 투자를 하고 진득하니 기다릴 수 있는 여력이 없었어요. 그래서 2000년에 집 하나 샀을 때, '이제 내 집 하나 있으니까 됐다'고 생각했죠.

김판수 중국 생활 26년째인데, 그래도 지금 상하이에 집 한 채는 가지고 있겠죠?

배제진 지금은 집 없어요.

김판수 상하이 아파트 임대료가 꾸준히 많이 올랐잖아요. 여기 계속 머무르려면 앞으로도 엄청난 임대료를 지불해야 할 텐데요.

배제진 그래서 지금은 집사람이 집 사자고 해요. 저도 집사람한테 집을 사고 싶으면 사라고 했어요. 지금 이 근처에 아파트 하나 사려면 제일 저렴한게 한화로 최소 10억 원은 있어야 해요. 여기서 조금만 중심으로 가까워지면 20억이고, 상하이에 더 좋은 데는 100억 짜리도 있고요.

김판수 상하이에서 한국인들이 집을 잘 사지도 않았을 때는 1개를 구매하셨는데, 상하이의 수많은 한국인들이 아파트를 구매할 때는 집을 사지 않으셨군요.

배제진 그래서 제가 작년 5월에 결혼하고 집사람한테 '지금까지 집도 안 사고 뭐했냐'는 잔소리를 듣고 있어요(웃음). 저는 결혼하고 집사람한테 '나를 좀 간섭 해주시오'라고 말했어요. 제가 중국에서 오랫동안 혼자 살았잖아요. 밖에서 술 한 잔 먹고 집에 들어가려고 현관문을 탁 열면, 집 안에서 제 가슴을 팍 때리는 게 있어요. 그게 외로움이거든요. 허전함. 나이 먹으면 갈수록 더 하더라고요. 오래 같이 살던 사람들이 서로 간섭하고 또 짜증내고 하면, 저에게는 그게 부러움의 대상이더라고요. '나도 저런 간섭 한 번 받아봤으면...' 그래서 제가 결혼하자마자 '나를 좀 간섭 해보시오'라고 했죠. '내가 조금 늦게 들어오면 전화도 하라고.' 침대에 누워서 손 꼭 잡고 자는 거 보다 그런 간섭을 받아보고 싶었어요. 외로웠던 그 시절을 스스로에게 보상해주는 방법으로. 남들이 귀찮아하던 거를 받고 싶더라고요.

김판수 결국은 오랫동안 혼자였기 때문에 집에 대한 소유 동기가 약했다고 볼 수 있겠네요.

배제진 2002년 외국인에게도 부동산 구매가 합법화된 이후 상하이에서 아파트 3~4개 사서 돈 번 한국인들은 대부분 와이프랑 같이 있던 사람들이었어요. 저는 당시에 혼자였고요. 대개는 한국인 여성들끼리 서로 교류를 해서 집 사고 또 사고 했죠. '누구네 또 집 샀다는데 우리도 또 사자' 그런 거 있잖아요. 그렇지만 저는 옆에서 푸쉬하는 사람이 없었던 거죠. 당시에 중국 섬에 있던 중국인 친구는 저에게 섬에도 집을 하나 사라고 했어요.

저는 '안 살란다' 그랬죠. 그런데 한국인 중에 집을 하나 샀다가 하나 더 사고, 또 네 개 사고, 그렇게 10개 산 사람도 많았거든요. 상하이 구베이 지역에 그렇게 아파트를 사놨으면 지금은 모두 합해서 거의 2백억 원에 이르잖아요. 그런데 그렇게 2백억 벌었다면 제가 어떻게 그거를 다 쓰고 죽어요? 2백억 다 못 쓰고 죽지.

초기 중국동포 통역과의 관계

김판수 1991년 이후부터 몇 년 동안 중국동포를 통역으로 고용했다고 하셨잖아요.

배제진 그 당시 우리에게는 선택의 여지가 없었어요. 1991년에도 통역한테 제가 당했고요. 1993~1994년에 제가 고용했던 중국동포 친구는 지금 베이징에서 사업을 하고 있어요. 그 친구는 목장에서 소에게 먹이는 건초 사업하면서 돈을 많이 벌었어요. 지금도 종종 연락합니다.

김판수 1991년 당시 통역했던 분의 이야기를 듣고 싶습니다.

배제진 그 사람은 제 편이 아니고 공장 편이었어요. 중국 오기 전에 어떤 사람 소개로 알게 되었는데, 그렇게 소개 받고 전화로 연락하기 시작했어요. 제가 중국의 한 공항에 도착했을 때 마중을 나와 있었고요. 컨테이너 하나 나갈 때 얼마를 주는 식으로 계약했어요. 그런데 어느 날 이상한 물건이 실려 오더라고요. 그걸 통역을 통해서 따졌더니 판매자들이 '다음에 주문하면 깎아주겠다'고 했어요. 그게 초창기 중국 사람들의 수법이었어요. 그런데 그렇게 한 번 하면 다음에 또 그렇게 들어오거든요.

한국 사람들은 그렇게 한 번 말리고 또 말리고 또 말려들어가서 결국 끝장나는 거죠. 그래서 저는 몇 컨테이너만 하고 말았어요.

김판수 1992년 이후에는 통역을 고용하는 것도 좀 조심스러웠겠네요.

배제진 그렇죠. 그 다음부턴 제가 중국 판매자들하고 다이렉트로 거래했어요. 선전에도 제 일을 도와주는 중국동포가 있었는데, 그에게는 월급이 아니라 수고료를 줬죠.

김판수 그 중국동포는 또 어떻게 만났나요?

배제진 홍콩에 있던 아는 분이 소개 해줬어요. 홍콩에서 중국동포들하고 같이 예배 보던 한국 분이 제가 선전에 간다고 하니까 착실한 사람이라고 소개해주더라고요. 그래서 제가 선전 갈 때 마중도 나오고, 저하고 호텔 방도 같이 썼죠. 당시에는 제가 중국 음식을 잘 못 먹을 때였는데, 그때 KFC가 선전에 생겼거든요. 그래서 햄버거 10개 사오라고 해서 같이 먹으면서 끼니를 때웠죠.

김판수 1991~1992년에 중국동포 통역 때문에 손해를 봤는데, 또 중국동포하고 일을 하는 게 꺼려지진 않으셨나요?

배제진 1991년에는 제가 그를 믿고 일을 맡겼잖아요. 당시에는 한중수교 이전이라 홍콩을 통해서 중국에 들어가던 시절이었기 때문에 유통 과정이 엄청 번잡했거든요. 그래서 믿고 맡겼죠. 그런데 그때 한 번 당한 이후에는 모든 것을 제가 직접 체크하는 방식으로 바꾸었죠.

김판수 고용은 해도 믿고 맡기지 않게 되었군요.

배제진 사람은 믿어도 일에 대해서는 100% 믿을 수 없다는 것을 알았죠. 사실 제가 잘못한 것도 있다고 봐요. 당시에는 제가 중국 사람들 문화를 몰랐으니까요. 1990년대 초 중국인들은 정해진 일만 하면 된다고 생각했어요. 또 그들이 아무리 열심히 해도 월급이 적었던 시절이었잖아요. 그래서 저 스스로도 잘못이 있었다고 자책했어요. 물론 이제는 중국도 능력에 준해서 월급을 받아요. 이 나라가 많이 바뀌었죠. 저는 지금 중국을 보면서 깜짝깜짝 놀라요. 온라인 모바일 쪽은 우리나라를 한참 앞질러 있잖아요. 참 무서운 나라에요. 제가 중국에 처음 왔을 때는, '이 짱깨 같은 놈들 말이야, 다 죽었어'라며 윽박지르기도 했는데, 2000년대 중반부터는 '중국에 살면 살수록 겁이 난다, 이 사람들 무섭다'라고 말하고 다녔어요. 저는 중국이 급격히 변화하는 모습을 모두 지켜봤잖아요. 저는 동방명주 없을 때 푸동을 갔었다고요. 상하이에서 꽁지 없는 택시, 티코 같은 거 타고 다녔고요. 그때는 상하이에 비가 와서 길에 물이 넘치면 오토바이를 타고 농로를 통해 공항에 들어갔어요. 전 그 변화를 다 봤기 때문에, 무서워요. 중국이. 또 어떻게 변할지, 정말 무서워요.

'항저우에서 현지인 생활'을 하게 된 계기

김판수 이후에도 크게 한번 당하셨다고...

배제진 그게 1995년도였어요. 선전 쪽에서도 한번 크게 당했죠. 물건을 실었는데, 썩은 걸 실은 거예요. 어우 그때 꽤 많은 돈이 물렸죠. 당시 한 7~8천만 원 됐으니까. 저한테는 큰 돈이었죠. 그거 해결하려다가 한 방에 가버렸어요. 한참 이후 2002년도 즈음 제가 누님께 돈을 주어 사람들 찾아다니면서 부채를 다 갚게 했습니다. 오랫동안 못 갚고 있다가.

김판수 이야기를 구체적으로 해주실 수 있나요?

배제진 실을 샀는데, 완전 썩은 실이었어요.

김판수 체크를 다 하셨잖아요?

배제진 싼 게 있다고 했거든요. 실의 경우에도요, A급 B급 C급 이렇게 있어요. 그 중에서도 싼 걸 가지고 왔는데. 싼 줄만 알고 가져 왔는데... 실의 경우에는 가격이 명확해요. 조금 싼 걸 갖고 왔 더니 아니나 다를까. 그때 한국 세관에서 조사가 나왔더라고 요. 11 달러에 가져온다고 했었는데, 왜 갑자기 7 달러로 가져 왔냐고 그러더군요. 세금 적게 내려고 언더밸류(under-value) 했다고 의심받은 거죠. 원래 실을 유통하는 사람 중 꼼꼼한 사 람들은 매 컨테이너 마다 샘플을 날짜까지 적어서 기록해요. 그래서 제가 '보세요. 이 날짜에 이 실이고, 이 날짜에는 저 실 이다'라며 각각 꺼내서 비교하라고 했죠. '그레이드(grade)가 낮아서 싸게 사왔습니다'라고 이야기했죠. 그러니까 두말 않고 가더라고요.

김판수 중국인이 작정하고 사장님을 속인 건가요?

배제진 그렇죠. 그 친구는 연락도 안 되더라고요.

김판수 그 중국인 친구는 어떻게 아는 사람이었나요?

배제진 거래를 하다가 알게 됐었죠. 오래는 안 했어요. 한 2~3년 정도.

김판수 2~3년 정도면, 믿음이 생길 때 즈음이었군요.

배제진 그렇죠. 그러니까 믿고 싣자고 했죠. 제가 그때 컨테이너 문을 딱 여는데, 그 썩은 냄새가 '화악'. 그 당시 중국 사람들하고 다니면서 있었던 일들, 이런 거 저런 거 이야기하자면 끝이 없어요.

김판수 1995년에 그렇게 한번 크게 당하면서 싹 날린 거네요.

배제진 저는 완전히 작살났죠. 그래서 완전히 중국으로 들어왔어요. 그때 상하이 민박집에 조금 있다가, 1997년에 항저우로 들어갔죠.

김판수 왜 하필 항저우로 가셨나요?

배제진 제가 돈 받을 게 있었거든요. 그런데 갔더니 그 사람이 저보다 더 힘들게 살더라고.

김판수 중국인인가요?

배제진 아니요. 한국인이었어요. 그 사람은 그 곳에서 무역회사를 경영하고 있었는데, 그 회사에 일손이 부족하다고 오히려 저보고 일을 도와달라고 했어요.

김판수 얼마를 받아야 했는데요?

배제진 1만2천 달러 정도였어요. 그런데 10원도 못 받고 눌러 앉았죠. 2천 위안 월급 받으면서. 솔직히 갈 데도 없었고요. 그래서 여기 좀 있자고 하면서 눌러 앉았어요.

김판수 그 시절 이야기 좀 해주세요.

배제진 뭐. 아침 먹고 잠자기 전까지는 중국말을 손에서 안 놨어요. 거기서 아침 점심 저녁 다 먹여줬으니까. 잠도 재워줬고. 그때 중국 돈 30 위안 정도면 술 한 상자를 살 수 있었어요. 중국 농민들이 마시는 저렴한 맥주가 있었거든요. 그거 사서 냉장고에 딱 쟁여두고 저녁마다 한 병씩 마셨어요. 집에서.

김판수 그때 중국인하고 함께 방을 쓰셨나요?

배제진 저는 독방 썼죠. 회사에서 집 한 채를 임대해서, 칸칸 딱딱 나누어서, 들어가 살았죠. 방 안에는 아무 것도 없이. 겨울에는 장판 하나만 있었어요. 그래도 저는 장판을 썼지만 중국 친구들은 장판도 안 깔고 살았어요. 침대 하나 옷장 하나 그렇게 끝이었어요. 대신 저는 창고를 차지해서 '방'이 엄청 컸죠.

김판수 주변에 한국인이 없었겠네요?

배제진 없었죠. 제가 1998년에도 혼자 섬에서 중국 친구들하고만 있으면서 계속 중국말을 했어요. 당시에는 제가 그때까지 중국말을 못 배웠다고 할 정도로... 제가 말을 할 때마다 주위 중국 친구들이 웃었어요. 발음하고 성조 등이 틀렸으니까. 제가 학교에서 정식으로 중국말을 배워 본 적이 없었잖아요. 그때 중국말을 제대로 배웠죠.

김판수 거기에서는 어떤 일을 하셨나요?

배제진 원래 하던 거요. 거기도 한국에 수산물 등을 수출하는 회사였거든요. 제가 원래 해오던 거니까. 거기 생활도 많이 힘들어서 한국도 못 들어갔고요. 한국 오가려면 비용도 많이 드니까. 추석이나 설에 한국 못 들어갈 때 전화통 붙잡고 어머니와 대화하면서 울기도 많이 울었습니다.

김판수 사장님이요?

배제진 그럼요. 많이 울었죠. 제가 옛날 이야기를 하면, 아까 제가 초반부에 이야기했잖아요. 지금은 살아온 날도 보이고 또 앞으로 살아갈 날도 보인다고. 사실 과거를 돌아보면 보이는 게 전부 다 아픔이에요. 어렸을 때 농촌에서 자라서 무슨 낙도 없었고. 학교 갔다 오면 소한테 밥 먹이고, 나무 하고, 풀 베고. 대학교 마치고 나서 취직이라고는 안 해보고, 아무 것도 모르는 게 돈 번다고 사업을 시작해가지고. 중국 천지를 돌아다니면서 살았죠. 그러니 이제는 앞으로 살아갈 게 잘 보일 수밖에요.

김판수 중국 현지 생활 이야기를 좀 더 듣고 싶어요.

배제진 그 직원 숙소에 에어컨이 없었어요. 항저우 여름은 밤에도 35~38도 이렇거든요? 거기서 에어컨 없이 잤어요. 견딜 수 없을 정도로 더울 때는 냉장고에 넣어 둔 찬물을 들고 화장실로 가져가서 머리에 붓고. 선풍기를 틀면 안 돼요. 뜨거운 바람이 불어오니까. 그렇게 밤을 보내고 아침이 되면 새벽부터 면 티셔츠 하나 비닐 봉다리에 넣어서 자전거 타고 회사에 갔어요. 사무실에는 에어컨이 있었으니까. 도착해서 화장실 가서 몸 좀 닦고, 옷 갈아입고, 에어컨 틀어놓고 룰루랄라 앉아 있었죠. 그러다 퇴근할 때 되면 걱정이 되기 시작하는 거예요. 퇴근 안 하고 야근한다 할 수도 없고, 집에는 돌아가야겠고. 그런데 집에 가봐야 토끼 같은 뭐가 있나, 완전히 한증막보다 더 더운 방만 저를 기다리고 있는데. 그렇다고 돈이 많아서 'Beer 바' 같은 데 가서 시원한 맥주를 마시고 앉아있을 수가 있나. 월급 받는 날만 꼬치집에 갔어요. 제가 꼬치 한 번에 먹은 기록이 130개였어요. 그때 30대였잖아요. 꼬치를 착착착 세면서 뜯어 먹는 거야. 그렇게 둘이 앉아 꼬치 먹으면 백 몇 십 위안 나왔죠. 그렇게 먹어도 그건 저렴했어요. 그때는 한국식당이 더 비싼잖아요. 초창기에는 한국 소주 한 병에 70 위안이었으니까요. 그래서 그때 한국식당 가서 밥 몇 번 먹으면 담배도 못 샀어요. 제가 그때 시작해서 몇 년 전까지도 중국 담배만 피웠어요. 회복한 이후에도 한동안 한국 담배를 못 피웠어요. 풀내가 나서요. 중국 담배에 완전히 익숙해졌던 거죠.

김판수 주변에 한국인이 없어서 중국인들이 신기하게 봤겠네요.

배제진 네. 닝보(宁波) 근처 섬에 있을 때 제가 유명했어요(웃음). 심지어 TV에도 종종 나왔죠. 왜냐? 그때 주변에 중국말 하는 한국 사람이 별로 없었거든요. 방송국에서 저를 공항에 데리고 가서 인터뷰했어요. 섬에도 공항이 있었으니까요. 섬에 공항이 생기고 난 후에 부산을 왕래할 수 있었는데, 외국인 입장에서 어떻게 생각하는가에 대해서 취재하더라고요. 그 이후에 섬사람들이 저한테 TV 나왔다면서 알아봤죠.

김판수 항저우에서는 돈을 조금씩이라도 모으셨나요?

배제진 항주에서는 힘들었죠. 2천 위안씩 받았는데 무슨 돈을 모으겠어요. 항저우 생활 끝난 게 1998년 후반이에요.

김판수 한국인에게 빌려 준 돈은 받으셨나요?

배제진 그 사람은 저하고 있다가 또 다른 데로 도망가 버렸어요. 해남도로. 그래서 제가 또 거기로 찾아갔어요. 1998년도에. 결국은 제가 포기했어요. 그리고는 상하이로 돌아왔죠. 제가 알고 지내던 중국인 파트너가 있었다고 했잖아요. 미스터 왕. 그 친구가 모친하고 둘이 살고 있었는데, 제가 찾아가서 좀 얹혀살자고 했죠. 같이 있다가, 또 다시 섬으로 들어갔다가. 왔다 갔다

했어요.

김판수 섬에는 왜 또 오갔나요?

배제진 수산물 일을 계속 했으니까요. 그러다 미국 바이어 3명을 만난 거예요. 처음에는 일주일 한 곳에 물건이 나갔거든요, 액수가 점점 2천만 원, 3천만 원 이렇게 올라가더라고요.

김판수 아무런 자본도 없이 미국교포 만난 이후로 일어설 수 있었군요.

배제진 네. 초기에는 돈이 필요 없었죠. 미국에서 오더 받고 중국 공장에 가서 작업해서 실으라고 하면 됐으니까요. 저는 중간에서만 일하는 거예요. 그 때 한 군데 내보내면 몇천 달러 정도 남고... 그러다가 제 손에 몇 십만 위안 정도가 항상 들려있을 때부터 한숨 돌렸죠.

김판수 1998년 말부터 제대로 풀리기 시작했네요.

배제진 그렇죠. 제가 항저우에서 나올 때 중국 친구에게 3천 위안 정도 갚을 게 있었어요. 제가 항저우에서 나오면서 그 친구한테 '내가 항저우 떠나지만 그 돈 언젠가는 꼭 갚는다'고. 1998년도에 제가 섬에 들어갔을 때 그 항저우 친구를 불렀죠. 섬으로 한 번 놀러 오라고. 돈도 갚고 꽃게하고 조기 등을 챙겨서 돌려보냈어요. 그랬더니 그 친구가 자기도 먹고 살아야겠다고 제가 있던 섬에 들어와서 식당을 열겠다고 하더군요. 그래서 제가 장사하라고 3만 위안을 빌려줬죠. 그런데 식당이 잘 안 되어서 야반도주했어요. 아직 그 돈 못 받았어요.

김판수 당시 중국에서는 작은 사업에 참여하는 사람들끼리 빌리고, 빌려주고, 떼이고, 도주하고... 정말 다반사였군요. 1998년 이후에는 부모님도 자주 만나셨겠군요?

배제진 연락은 계속하고 있었죠. 1998년 이후에 제가 회복했을 때부터 저희 부모님이 중국에 엄청 자주 오셨어요. 저만큼 중국을 돌아다니게 되셨죠. 제가 중국동포 가이드를 붙여가지고 베이징 보내드리고, 만리장성 가고, 기차타고 내려오시다가 소림사도 갔다 오고. 우리 아버지 중국 안 가신 곳이 없어요. 마지막으로 시안의 진시황 무덤을 한 번 보고 싶으시다고 해서, 그때는 제가 직접 모시고 갔죠. 그 이후에는 '이제 중국 안 온다'고 하시더니만 작년에 제가 결혼할 때 한 번 오시고, 그 후 몇 달 있다가 돌아가셨어요. 그때 '우리 둘째 아들 결혼도 시켰고 한도 원도 없다' 이런 말씀 몇 번 하셨다고...

김판수 1998년부터 일종의 삶의 전환을 겪으셨는데, 이후에는 어떤 장기적 계획을 세웠나요?

배제진 저는 안정주의에요. 모 회장님이 2000년대 초에 저보고 '너는 머리는 좋은 거 같은데 욕심이 없냐? 돈 안 벌거냐?' 이러시더라고요. 기회가 있으면 벌어야죠. 그런데 제가 또 섣부른 판단과 행동으로 안정된 상태를 위협할 것도 같아서, 모험을 하지 않게 되었죠.

상하이에서의 결혼, 가족을 통해 얻은 삶

김판수 결국 1995년 사건은 사장님께 다양한 측면에서 중요한 계기로 작용했네요.

배제진 그렇죠. 저는 이제 안정이 된지 오래되었잖아요. 지금은 우리 집사람이 뭔가 스스로 하겠다고 하면, '그래라'해요. 제가 굳이 나서지 않아요. 집사람과 결혼해서 좋은 게, 연속극에서 자주 나오듯이 주변 친구가 돈 부탁하면, '우리 집사람이 돈이 없대' 이런 말들 하잖아요. 그런 말도 이제는 할 수 있거든요(웃음). 결혼하고 나서부터 이제는 집사람이 나름 재테크를 하더라고요. 여자들이 왜 통장에 넣어놓는 것보다 이자상품 같은 거 잘 알잖아요? 돈을 버는 거보다는 그런 재미로 살아가는 거죠.

김판수 두 분은 어떻게 만나셨나요?

배제진 소개로요. 2014년 말인가 2015년 초 상하이의 아는 누님이 좋은 사람 있다면서 소개해주겠다 하더라고요. 처음에는 식사만 같이했는데. 한국 밀양에서도 만났죠. 저는 저대로 일 보러 갔고, 또 우리 집사람도 집사람대로 일 보러 왔었죠. 그때부터 자주 만나면서 좀 더 가까워졌죠. 계속 보니까 괜찮은 것 같아서, 2016년 초에 결혼하자고 했죠. 소개로 연애를 하니까 사람들이 다들 '결혼 안 하느냐', '빨리 결혼해라' 하기도 했고. 아는 친구 말에 따르면 저희가 '상하이 한인회' 생기고 나서 상하이에서, 만나고 연애하고 결혼식까지 올린 1호 커플이라고 하더라고요.

김판수 1년 정도 만나셨네요.

배제진 처음부터 결혼 얘기가 나오고 했어요. 우리 누나도 와서 보고, 저도 아내 고향인 김천에 가고. 김천에 갈 때마다 '좋은 소식 언제 줄 거냐고' 압력이 팍팍 들어오는 거예요. 그래서 결혼하겠다고 했죠.

김판수 중국에서 가족과 함께 살아가게 되었군요.

배제진 지금 제 딸은 항저우에 있는 저장대학교 대학원에 있고, 또 이번에 처조카 한 명도 상하이에 들어와요. 여기 상하이 소재 대학교에 중국어 공부하러. 우리가 여기 있을 때 가족들에게 그런 기회를 주는 것도 좋잖아요.

김판수 결혼 후 생활은 어떤가요?

배제진 일단 마음이 안정되었죠. 나이 들어서 결혼했기 때문에, 젊은 20대들과는 차이가 있죠. 우리는 옆에 누군가 있다는 그 자체만으로도 위안이 돼요. 또 한국에서도 새 가족들이 생겼잖아요. 명절, 특히 설에는 '한국에 돌아간다. 한국에서 누군가 나를 기다리고 있다.' 그런 기대감도 있고. 설렘도 있고.

김판수 그럼 상하이에 집을 사게 된다면 어느 지역을 생각하시나요?

배제진 저는 조금 변두리로 가고 싶어요. 이 한인촌 쪽 말고. 저 쪽 깔끔한 동네, 중국 사람들이 많이 있는 곳. 처음 집 샀던 그 쪽도 좋아요. 한국 사람은 나밖에 없었지만, 그 사람들은 나를 다 알아요. 그 아파트에 살 때 제가 지나가면 주변의 할매들이 막 오라 해가지고 과일 먹어라 하고, 아침에 또 지나갈 때는 같이 체조 하자고 하고. 유일하게 저 혼자 한국 사람이었으니까, 더 친밀한 관계를 맺을 수 있었던 것 같아요. 제가 정문만 걸어나와도, 보안[2]들도 저보고 막 인사하고 그랬어요. 지금 살고 있는 여기도 할매들이 나를 좋아해요. 저는 지나가다가도 서서 할매들하고 이야기도 자주 하고 있거든요? 그러니까 좋아하죠. 일상적 대화라는 게 참 좋은 거 같아요. 그래서 그 사람들이 저에게 그런 친근감을 느끼는 거니까요.

---

2) 아파트 또는 건물 등의 입구 등을 지키며 출입을 관리하는 안전요원에 해당한다. 대개 20대 정도의 젊은 남성들이 이 일에 종사하고 있다.

김판수 지금 살고 있는 한인촌 근처도 괜찮은데 왜 굳이 외곽으로 가려고 하시나요?

배제진 집사람이 집을 사면 한인촌을 벗어나고 싶다고 하더라고요. 저는 한인촌에서 멀리 떨어져서 오래 살아봤고, 여기에서도 또 살아봤으니까 상관없어요. 지금은 상하이 교통도 편하고. 굳이 벗어난다 한들 여기 안 올 이유도 없고요. 맨날 한국 식당 가서 밥 먹고 술 먹는 건 아니잖아요. 다만 우리 집에 와서 밥 해주는 분이 이미 10년 정도 되었기 때문에, 우리가 너무 멀리 이사 가게 되면 그분과 떨어지기 때문에 그것만 주의하고 있어요. 하지만 집사람이 예를 들어 쑤저우에 가서 살자고 하면, 일하는 분하고도 떨어져야겠죠. 집사람도 살림하는 걸 좋아하니까. 아직은 잘 모르겠어요.

김판수 한인촌에 살게 된 이후 경제활동 이외에 어떤 사회적 활동을 하셨는지요? 오래 계신 만큼 한인사회 등으로부터 다양한 요청을 받았을 것 같습니다.

배제진 저는 민주평통 자문위원으로 활동하고 있어요. 또 경상남도 해외통상 자문관으로도 활동하고 있고요. 자문관의 경우 '위촉기간'이 정해져 있지 않아요. 제가 해촉 사유에 해당하는 불량한 일을 하지 않는 한 계속… 현재 경상남도 자문관은 상하이 2명, 베이징에 1명, 미국하고, 유럽하고, 카자흐스탄, 인도하고, 태국 등 해외에 총 36명이 있어요. 언젠가 한 번 모인 11명의 자문관이 계를 만들었어요. 우리들은 서로 자주 연락하고, 종종 만나고. 무엇보다 잘 놀죠.

김판수 중국에서 매우 오랫동안 사셨는데, 한국에 잠깐 들어가거나 또는 상하이에 다시 돌아오면 어떤 감정을 느끼는지요?

배제진 한국에 가면 한 5일 지나면 재미가 없어요. 그냥 돌아오고 싶어요. 그리고 비행기가 상하이 공항에 딱 도착하는 순간, 저는 '아, 집에 왔다'라고 생각해요. 우리가 장시간 출장 나갔다가 집에 돌아오면 편안함을 느끼잖아요. 중국 다른 지역 가서 출장 갔다가 상하이 올 때도 느끼지만, 한국 갔다 올 때도 느껴요. 저는 한국에 들어가는 것을 출장으로 생각합니다. 좀 웃긴 이야기인데 여기 오래 살다 보니까, 피부도 이 기후에 적응되어 있어요. 상하이가 좀 습하잖아요. 그래서 저는 한국 가면 막 간지러워요. 건조해서. 천진이나 베이징 가면 코 안이 간질간질해요. 저의 모든 것들이 여기 상하이에 적응돼있어요.

김판수 요즘(2017년 1월) 사드 사태로 조금 시끄럽잖아요. 개인적으로 손해 보신 건 없나요?

배제진 통관이 많이 힘들죠. 저는 수출이 많으니까요. 한국에서 들어오는 식품이 좀 있거든요. 경상남도에서. 특히 식품이 까다로워요. 오래 살다보니까 여기 친구들도 있는데, 저는 조심스럽게, '아... 이거 힘드네... 이거 통관을 해야 되는데...'이러면 도움 주는 친구들이 있어서, 아직은 괜찮은 편입니다.

[2018년 1월 인터뷰]

사드 경험과 이후 전망

김판수 2017년 1월에는 사드 초기여서 당시 많은 분들이 상하이는 경제 중심이라서 괜찮은 편이라고 했는데, 1년 만에 와서 보니 다들 심각했다고 하더군요.

배제진 작년 4월 즈음에는 기아차를 몰고 상하이 중심가에 갈 때 조금 겁이 날 정도였어요. 그 와중에 우리가 신천지(新天地)3)에 있는 상하이 임시정부 근처 백화점에서 롯데 과자하고 경상남도 제품 등을 전시했었어요. 제가 경상남도 자문관이니까 지역 상품 판촉 활동을 했었죠. 그때 우리가 한국말로 행사를 진행할 때도 우리끼리 서로 조용히 말하라고 타이를 정도였어요. 주변에서는 상하이 한복판에서 판촉행사를 여는 것을 걱정하기도 했었는데, 저는 "상하이 사람들은 상인들이다. 자기 이익에 몰두할 뿐 정치적으로 그렇게 민감하지 않다."라고 강행했죠. 실제로 사드 사태와 관련해서 상하이가 다른 지방 보다 덜 민감했던 것은 사실이에요. 하지만, 상하이에는 상인들만 사는 게 아니잖아요. 자칫 뭐가 걸리면 시비를 걸긴 하더군요.

김판수 개인사업 부문에서는 어땠나요?

배제진 제 사업은 중국 물건을 미국에 수출하는 거잖아요. 물론 공장 같은데 가면 가끔 중국인 업자들이 사드 이야기를 꺼내더군요. 그래서 제가 "이 사람아, 내가 당신하고 사드 관련 토론하러 왔나? 당신 물건 사러 왔잖아? 그러니 장사 이야기를 해. 당신은 사업하는 사람이잖아. 그러니 사업 이야기를 하라고"라며 다그쳤죠. 저는 중국인들 물건을 팔아주는 사람이잖아요. 고객이잖아요. 그러니 개인사업에서는 별 일 없었죠. 그런데 상하이 한국인 대다수는 한국 물건을 중국에 팔아야 하잖아요. 그러니까

---

3) 신천지는 상하이에서 가장 번화한 지역으로 전세계 명품 브랜드 샵, 백화점, 노천 카페, 클럽 등이 밀집해 있다. 역사적으로도 신천지는 한국과 중국 양국에 매우 중요한 공간으로, 대한민국 임시정부 청사 건물과 공산당 제1차 대회가 개최된 건물이 잘 보존되어 있다.

많은 한국인들이 스트레스를 받았죠. 주로 한국인이 운영하는 영세 업체들이 많은 타격을 받았어요.

김판수 상하이에 있는 한국인 중 의외로 많은 분들이 한국 언론 때문에 더 문제가 커졌다고 비판하더군요.

배제진 사드 사태에 덜 민감한 부문에서 활동하는 한국인들은 그렇게 이야기했죠. 그래도 한국 언론이 지나치게 떠드는 바람에 그걸 모르는 중국인들도 사드 기사를 더 많이 접한 것도 있어요. 왜냐하면 중국 기자들이 한국 기사를 계속 중국에 소개하니까요.

김판수 저는 개인적으로 상하이에는 한인촌이 있지만 또 다른 층위에 한인사회가 있다고 생각하거든요. 예를 들어 홍췐루 근처가 한인촌이면, 그 공간을 넘어 상하이 전 지역에 걸쳐 한인사회 공동체가 형성되어 있잖아요. 저는 실제로 한인촌이 타격받은 건 맞지만, 사드 때문에 한인사회가 어느 정도로 타격을 받았는지가 더 궁금하더라고요.

배제진 다른 각도로 보면, 만약 사드 문제가 한국과 중국 간의 관계가 아니라, 일본하고 중국 간의 문제였다면 상하이인들도 일본 영사관 앞에 가서 돌을 던졌을 수도 있었겠죠. 저는 그나마 한국과 중국이었기 때문에 그 정도까지 커지지 않았다고 봐요. 예전에 '조어도(钓鱼岛)[4] 사태' 때 중국인들이 닛산 차 부수고 운전자 폭행하고 차에 불도 질렀잖아요. 그런데 이번 사드 때는 우리나라 제품을 깔아뭉개기는 했지만 그 정도로 심한 폭력 사태는 없었어요. 물론 여기 상하이 한국인 중 불법체류자나 어렵게 사는 사람들은 피해자가 되었죠. 바로 추방되거나, 경제

---

4) 중국에서는 '디아오위다오'로 부르고, 일본에서는 '센카쿠 열도'라고 부른다.

적 어려움이 심해져서 돌아가야만 했으니까요. 결국 이번 사태로 인해서 상하이 한국사회 내의 낮은 지위의 사람들이 가장 큰 타격을 받았다고 생각해요.

김판수 이번 사태 이후 상하이 한국인들의 장기적 사업 전망은 어떻게 변화될까요?

배제진 제가 최근 중국 생활을 통해 느끼는 건, 한국인들이 더 이상 예전처럼 중국 와서 얼렁뚱땅 하면서 버틸 수 없다는 겁니다. 사업 방법, 마음가짐, 직원관리, 재정관리, 심지어 개인생활까지도 철저하게 관리해야 하는 것 같아요. 앞으로 중국에 와서 사업하려면, 그 정도 자세는 되어 있어야... 특히 상하이에 와서 사업하려면 더더욱. 최근 중국 정부의 법적 관리, 예를 들어 환경오염 산업 관리 감독이 굉장히 체계적이고 엄격해졌어요. 문제는 한국인 업체뿐만 아니라 중국인 업체 모두에게도 똑같이 적용하고 있다는 거죠. 시대가 바뀌었어요.

김판수 상하이의 한국 경제인들이 현재 베트남으로 많이 이전했는데, 어떻게 생각하시는지요?

배제진 이미 진행되고 있었지만, 최근 사드 때문에 더 많이 이전했어요. 그런데 저는 사드 문제를 한중간의 경쟁 문제로 봐요. 한중관계는 경제적으로 공생관계였어요. 하지만, 이제 한중 경제는 경쟁관계로 바뀌었고, 사드는 새로운 관계 하에서 한국을 길들이기 위한 반응이었다고 봅니다. 그래서 저는 한중이 아직은 경제적 경쟁관계에 있다고 생각합니다. 대표적으로는 삼성 반도체가 남아 있잖아요. 그런데 이제는 한국이 중국과 경쟁해서 이겨야 하는 시대입니다. 정신 똑바로 차려야죠. 안 그러면 못 버텨요. 그래서 중국하고 경쟁하기 위한 목적이 아닌, 중국에서의 난관을 극복하지 못했기 때문에 베트남으로 이전했다면, 그 업체들도 장기적으로는 버틸 수 없겠죠.

김판수 그래도 사장님께서는 앞으로 좀 더 오랫동안 상하이에 머물 계획인 것 같습니다.

배제진 지금 제 삶에서 아내가 가장 중요한 비중을 차지하고 있어요. 늦게 만난 만큼 아내에게 잘 해주고 싶어요. 좀 더 알차게 가정생활도 하고 싶고요. 그래서 작년 2017년 5월 21일이 우리 결혼 1주년 기념일이었는데, 그때 제가 집사람 명의로 상하이 집을 하나 선물했어요. 그곳에서 같이 운동도 하고, 함께 시간을 보내고 싶어요. 아내도 여기서 경제 활동을 하고 있고.

저도 여기서 적어도 70세까지는 계속 활동하고 싶어요. 그 후에도 체력이 된다면야 당연히 더 하고 싶죠. 그리고 결국에는 아내하고 함께 한국에 돌아가서 편안하게 노후를 보내고 싶어요.

권국희 유니콘미싱공업(주) 상해대표처 대표

    권국희 대표 인터뷰는 2016년 7월과 2017년 1월 등 총 2회 약 4시간에 걸쳐 진행되었다.

    그녀는 만 20세에 대만에 유학 갔다가 1992년 8월 24일 한중수교(또는 한국-대만단교)가 체결되어 대만 도착 6일 만에 중국 광저우에 들어가 중국 유학 생활을 시작했고, 이후에는 상하이 복단대학에 편입하여 1997년 6월 졸업했다.

    그녀는 졸업 직후 우연한 계기로 상하이 유니콘미싱을 맡게 되었고, 지금까지 약 20년 동안 대표직을 유지하고 있다.

    그녀의 중국적 경영 마인드는 초창기부터 두드러졌다. 그녀는 중국 보통어와 광동어를 1세대 진출자 중에서도 가장 빠르게 습득했기 때문에, 대학생 때부터 비즈니스 관련 통역 활동을 하면서 누구보다 빨리 중국인의 사업 수완을 감각적으로 익혔을 것이고, 이는 그녀의 중국 진출 한국 법인 운영에서 중요한 강점으로 작용했을 것이다.

    그녀의 중국 비즈니스 방식에서 가장 눈여겨봐야 할 부분은 인간관계를 맺고 또 발전시키는 방식에 있다. 그녀는 1992년 광동 진출 이후 중국인의 지위고하를 막론하고 인간적 관계를 중시했다. 이는 1997~1998년 취업 초기 한국인 공장에서 수위로 일하던 중국인과 맺은 관계에서 특히 잘 드러난다. 나아가 그녀의 인간관계 중시는 중국인 공장·지역대리상·직원 등에 대해서도 일관적이었다. 이 때문에 그녀가 맺어온 '관계'들은 20년 이상 호혜적으로 유지될 수 있었을 것이다.

한중수교 직후 중국 진출 계기

이선화 여성 경제인 분들이 중국에서 살아온 궤적을 듣고 싶습니다. 먼저 어떻게 중국에 진출하시고 또 살아오셨는지 말씀해 주십시오.

권국희 저는 20살이었던 1992년 8월 19일 유학을 목적으로 대만에 갔어요. 그런데 며칠 후 8월 24일 한국과 대만이 단교되었죠. 즉 한국이 중국하고 수교했죠. 그래서 저는 평생 1992년 8월 24일 한중수교를 잊을 수 없어요. 그때 저는 '이왕이면 큰 곳으로 가자'해서, 이틀 후인 8월 26일 홍콩을 통해서 중국 광저우에 들어갔어요. 광저우 외국어학원(현 외국어대학)에서 2년 정도 어학연수하고, 상하이 복단대학 3학년으로 편입했죠. 그리고 1997년 6월에 졸업했어요.

이선화 중국에 진출한 다른 분들과 달리 경로가 매우 특이하시네요. 비자 등의 문제 등을 포함해서 좀 더 자세하게 말씀해주시기 바랍니다.

권국희 제가 그걸 잘 몰랐어요. 광저우에서 어학연수 하고 있을 때, 비로소 한국에서 반공 교육을 받아야 된다는 등의 사실을 알게 되었죠. 당시 중국 비자를 받으려면 까다로운 '특정국가' 허가 절차를 거쳐야 했어요. 그런데 그 사실조차 모르고, 그냥 홍콩에서 여행비자인 L비자 30일짜리 받아서 중국에 들어와 버렸거든요. 중국 내 학교에서도 거주증이 나왔으니까, 제가 한국 여권법을 어겼는지도 모르고 살고 있었죠.

이선화 언제쯤 문제가 있다는 것을 알게 되었는지요?

권국희 당시에는 한중수교 직후여서 상호 간의 통신도 잘 안 되던 때에요. 한국 가족들에게 전화를 하고 싶어도 방법을 몰랐어요.

그리고 편지를 썼는데 북한 평양 도장 찍힌 채 '수취인 불명'으로 반송되더라고요. 그냥 'KOREA'라고만 써서 보냈으니 평양 도장 찍혀서 반송된 거죠. 제가 중국 광저우에 들어온지 6개월 정도 지나니까 한국 사람들이 한두 명씩 보이더군요. 그때서야 콜렉트콜이 있다는 것을 알게 되었어요. 편지도 'SOUTH KOREA'라고 써야 된다는 것을 알았죠. 주변에 한국 사람이 없었으니 잘 몰랐던 거예요. 광저우에서는 제가 유일한 한국 사람이었으니까. 그러다 점점 삼성, 현대, 대우, 효성 등 대기업들이 나오기 시작했는데, 광저우에 한국 사람이 있다는 이야기를 듣고, 삼성에서 저를 찾아왔어요. 통역을 시키려고 했던 것 같아요. 그런데 찾아온 분이 제 여권을 보자고해서 보여줬더니, '어, 이거 불법이네. 한국 법을 어기고 있네'라고 하더라고요. 중국 들어온 지 1년 가까이 지나서야 알게 되었죠. 제가 그 분에게 '그럼, 한국에 들어가면 어떻게 되나요?'했더니, '안기부에 끌려가겠지?'라고 하더라고요. 그때는 주변에 워낙 북한 애들도 많았어요. 광저우 학교에 저 혼자 한국 사람이었을 때, 북한 애들이 같은 학교에 40명 넘게 있었으니까요.

이선화 그럼 당시 북한 사람들과의 접촉도 일상적으로 이루어졌겠네요.

권국희 사실 접촉은 나중에 한국 사람들이 막 들어온 이후에 했어요. 여하튼 학내에서 북한 사람들과 함께 축구나 농구도 하고 노래방도 함께 가기도 했었죠. 그런 상황에서 그 삼성 분이 저한테 '고문도 당할 수 있다'라고 하시길래, 겁을 먹었죠. 그러고는 한 2개월 정도 지났을 때, 부모님께 '나 잘 살고 있다'는 얼굴도 보여줘야 하니까, 한국에 들어가자고 결심했어요. 가져온 돈도 거의 다 떨어진 상태여서, 한국 가서 다시 아르바이트라도 해서 학비와 용돈을 벌어 와야 하는 상황이었어요. '고문당해야

하면 당하지 뭐'라고 마음먹고 한국에 들어갔죠. 안기부에 끌려가긴 했어요. 조사를 받았는데, 결국 아무 혐의가 없으니 풀려났어요. 그냥 중국에 가서 공부만 하다 왔고, 또 학생 신분이었으니까요.

이선화 그런데 그런 사실 자체만으로 중국에 다시 들어오는데 장애가 되지는 않았나요?

권국희 네. 다시 중국에 오려고 하니까 문제가 되더라고요. 제가 중국 측 블랙리스트에 올랐나 봐요. 일단은 한국 여권법을 어겼잖아요. 여권 영문 스펠링도 바꿔봤지만, 생년월일에서 걸리더라고요. 결국 인맥 통해서 딱 2분 만에 '특정국가' 허가 도장을 받을 수 있었어요. 그렇게 돌아와서 97년 6월에 복단대를 졸업했어요. 그리고 U미싱의 상하이 대리점에 임시로 취직했어요. 대리점 사장님의 통역이었죠. 3개월 후에는 제가 중국 U미싱의 책임자가 되었어요. 그 사장님이 도저히 '중국 생활 못하겠다'면서 한국으로 돌아가겠다고 선언하신 거예요. 그런데 이미 중국에 일은 다 벌려 놓았으니, 손실이 크잖아요. 그래서 그 사장님이 한국 본사에 '얘를 본사채용 주재원 형식으로 고용해달라'고 요청했어요. 그랬는데 본사에서 바로 오케이를 했어요. 제가 그 전에 U미싱 홍콩 법인장님을 우연한 기회에 도와드린 적이 있었거든요. 그게 인연이 된 거죠. 한국 본사에서 저를 신뢰할 만한 이유들이 갖춰진 거예요.

상하이U미싱 대표로서 19년

권국희 상하이 U미싱 대표로 재직한지 19년 되었네요. 해외 법인 중

가장 초창기 지사이고, 제가 유일한 여성 법인장이며, 나이도 제일 어리지만, 제가 제일 오랫동안 법인장직을 유지하고 있어요. 보통 주재원들은 파견 나와서 3~5년 주기로 로테이션 돌리는데, 저는 완전 말뚝 형식으로 19년째죠.

이선화 경험 없이 큰 직무를 맡게 되셨는데, 초기에 어떻게 운영하셨나요?

권국희 대학 졸업 후 바로 취직 했잖아요. 즉 조직 운영에 대해 잘 모른 채 법인을 맡은 거죠. 그러니 먼저 회사에 필요한 것을 요청하기보다, 우선 제가 뭔가 이뤄놓아야 한다고 생각했어요. 초창기에 코트라, 영사관, 무역협회 등에 연락해서 상하이와 상하이 주변 지역 한국 봉제공장 리스트를 뽑아 달라고 했어요. 그리고 그 리스트만 들고 각 공장에 인사를 다녔어요. 상하이 시내에는 이랜드 딱 하나밖에 없었고, 쏭장 지역에는 BYC, 장쑤성에는 완구 공장인 태창, 쑤저우에는 신발 공장들이 있었죠. 그래서 6~7 위안짜리 시외버스타고 막무가내로 공장을 돌아다녔어요. 당시에는 저녁 7시에 버스가 끊겼죠. 그럼 고속도로 올라가서 막 손 흔들어서 상하이 들어가는 차 아무거나 얻어 탔어요. 고속도로 위에서 여자가 손 흔들고 있으니까 운전자들이 지나가면서 욕하는 경우도 많았어요. 물론 마음씨 좋은 분들도 많았고요. 그렇게 일주일에 한 번 공장 투어를 다녔어요. 장쑤성에 갔다가 또 저장성에 갔다가. 그냥 인사만 하러 갔어요. 그런데 항상 수위 아저씨들이 저를 붙잡았어요. 당시에는 수위 아저씨에게 잘 보여서 문 안으로 들어가는 게 중요한 임무였죠. 그래서 나중에는 꽃집 들러서 조그마한 화분을 몇 개씩 사서 공장 수위아저씨들께 하나씩 드렸어요. 제가 놓고 갈 테니, 혹시 다시 오면 꼭 떠올려달라고 했죠. 그 화분이 비록 5~6 위안짜리였지만 오래 가잖아요. 그렇게 수위 아저씨들 마음에 들었어요. 다음에 가니까 저를 너무 좋아하시며 흔쾌히 문을 열어주셨어요. 그렇게 들어갔는데도 1시간 기다려서 겨우 사장님 만나면 5분 정도 인사하고 나왔어요. 초창기에는 그렇게 돌아다녔어요. 6개월 동안.

이선화 6개월 동안 그렇게 돌아다니셨군요. 여러 가지 측면에서 상상하기 어렵네요.

권국희 네. 6개월 정도 지나니까, 돌아다니는 공장 수도 많이 늘었어요. 그러다 보니까 각 공장을 1주일에 한 번 방문하지 못하고, 2주일에 한 번씩 찾아갔죠. 그런데 공장 사장님들이 일주일이 지나도 제가 안 오니까, 역으로 전화를 하시더라고요. '요번 주에 왜 안와?'라고. 그렇게 그 사장님들과 마음을 열기 시작한거죠. 나중에는 시간이 부족하니까 하루 3백 위안 주고 빵차를 타고 다녔어요. 그렇게 처음에는 5분 겨우 만날 수 있었는데, 나중에는 사장님과 1시간 동안 이야기를 할 수 있을 정도로 가까워졌어요. 당시 저는 미싱 기계에 대해 잘 모를 때라 영업도 할 수 없잖아요. 그래서 '그냥 인사만 드리러 오는 거다'라고만 했어요. 그러니까 나중에는 그 분들이 차비도 많이 들텐데, 뭔가 교통비라도 충당하라면서 소소한 오더를 주시더라고요. 처음에는 부품을 주문하시다가 나중에는 조그만 기계를 주문하셨죠. 그렇게 그 분들이 하나하나씩 먼저 던져주셨어요. 또 처음에는 직접 공장 사장님들께 또 나중에는 공장 기술자분들께 미싱 기계에 대해 배웠죠. 나중에는 미싱 기계 한 대를 아예 다 분해 해달라고 해서 모든 부품 명을 수기로 써서 리스트를 만들어 외웠어요. 그래야 업체에서 어떤 부품 보내달라고 할 때 바로 대응할 수 있으니까요.

이선화 그때부터 본격적으로 영업을 시작하셨나요?

권국희 저는 당시 영업한 적이 없어요. 그냥 그 분들이 알아서 주셨어요. 어느 날 저녁 7시 좀 넘어서 빵차 타고 돌아오는데, 배가 너무 고픈 거예요. 그래서 한 공장 사장님께 전화했어요. '혹시, 식사하셨어요?' 그랬더니, 그 분이 '아이고. 이 처자가 지금 이 시간까지 밥도 안 먹고 다녀?' 하시길래, '네. 배고파요. 밥 좀 주세요.' 딱 그 말 한마디 했는데, 그 분이 갑자기 찡했나봐요. 빨리 오라고 하셔서 갔더니, 그 분이 제 밥 차려주러 다시 공장에 나오셨더라고요. 그때 그 분이 저한테 첫 5만 달러짜리 오더를 주셨어요. 그 이후부터 그 일대 공장 모두 우리 기계가 들어갔어요. 굳이 홍보 안 해도 옆 공장으로 또 옆 공장으로 기계가 들어가더라고요. 다 알아서 소개해주셨던 거죠. 기술자 분들도 자주 공장을 옮기거든요. 중국인 공장 사장들도 한국 기술자들이 '우리는 그 기계 썼는데, 사후 관리가 너무 좋고, 기계도 너무 좋다. 그리고 일단 사람이 좋다'라고 하니까, 저절로 홍보가 되었죠. 그렇게 영업을 10년 정도 했어요. 본사에서도 깜짝 놀랐죠. 3~5년 정도는 보통 헤딩만 한다는데, 중국에서 그렇게 빨리 오더가 들어왔으니.

이선화 중국인으로부터 도움은 받지 않으셨나요?

권국희 이후에는 중국인 총대리상 분께 많이 도움 받았어요. 중국 내 한국인이 운영하는 공장은 한정되어 있잖아요. 그러니 한국 기계를 중국인 공장에 많이 파는 게 중요한 거죠. 그래서 현재 제 고객 90%가 중국인 공장이에요. 중국인 동료 분들이 초창기부터 저를 이렇게 많이 키워주고 도와주셨죠. 제가 어려울 것 같으면 중국인 총대리상 분이 알아서 오더를 해서 실적을

만들어 주셨어요. 또 총대리상 아래에 각 지역별 중국인 대리
점들이 있잖아요. 제가 좀 어렵다고 이야기하면, 지역에 계신
분들이 '그래? 일단 내가 돈부터 쏴줄게. 기계는 천천히 보내도
돼'라며 이런 식으로 초창기에 많이 도와주셨어요. 그런데 IMF
이후에 한국에서 미싱을 생산하면 마진이 안 나오더라고요. 그
래서 중국에서 생산하기로 결정해서 중국 내 합작 공장을 하나
차렸어요. 미싱도 기계 기종이 100가지가 넘거든요. 지금도 계
속 성장하고 있어요. 3~4년 전에는 상하이에서 해외로 2천만
달러 정도 수출했는데, 최근 1~2년 전부터 3~4천만 달러 정도
로 상승했어요.

사업의 성장 배경, 중국인들과의 관계 맺기

이선화 다들 어렵다고 하는 시기인데, 오히려 성장하고 있는 이유는
　　　무엇인가요?

권국희 왜냐하면 한국 내 대형 업체들이 이미 동남아시아로 빠져나갔
　　　어요. 주로 베트남, 인도네시아, 미얀마, 방글라데시, 캄보디아
　　　이 다섯 나라로 빠져나갔죠. 또 중국에 있던 한국 공장들도 그
　　　쪽으로 빠져나갔어요. 그렇게 해외로 나가면 현지에서 다시 기
　　　계를 구매해야 하거든요. 한국 업체들의 팔은 안으로 굽는다
　　　고, 한국 브랜드를 선호해요. 왜냐하면 문제가 생겨서 욕을 해
　　　도 한국말로 하고 싶거든요. 외국 제품 샀다가 사후 서비스 받
　　　을 때 말이 안 통해서 어려움도 겪었던 거죠. 그래서 좀 비싸
　　　도 사후 관리 잘하는 우리를 선택하는 거죠. 그리고 우리는 기
　　　계 품질도 보장하거든요. 기계에 문제 생기면, 저희가 전적으
　　　로 책임집니다. 그러니, 우리를 믿고 구매해요.

이선화 중국인 대리상들이 그렇게 적극적으로 대표님을 돕게 된 이유를 듣고 싶습니다.

권국희 초창기에 제가 관리자로서 13개 중국 대리상들과 함께 일을 했어요. 처음에 중국 대리상들이 제가 어린 여자인데 대장이니까, 간혹 짓궂은 행동을 하기도 했죠. 한 번은 저를 시험하려고 맥주를 주더라고요. '미안하지만 맥주를 잘 못한다' 그랬더니, 술을 못하는 사람으로 생각했나 봐요. 저는 '맥주'만 잘 못한다고 했을 뿐인데. 그래서 억지로 저를 마시게 하더군요. 그래서 제가 고량주를 들고 여러분들께 건배 제의를 하겠다며 맥주 컵에 고량주를 2/3씩 채웠어요. 13명 모두. 우량예(五粮液) 52도짜리였죠. '나는 건배(干杯)를 할테니, 여러분들은 양껏 드십시오. 도와줘서 고맙고 앞으로도 잘 도와주십시오' 하면서. 저는 일어서서 원샷했어요. 그러고는 앞서 저를 계속 공략했던 사람 한 명을 찍었어요. '오늘 당신은 절대 걸어서 못 간다'며. 제가 그 사람만 공략했어요. 딱 한 사람만. 결국 그 중국인 대리상이 꽥 쓰러졌어요. 저는 그때 안 취하려고 얼마나 버텼던지. 다음 날 아침 제 다리를 보니까 허벅지에 시퍼렇게 온통 멍이 있었어요. 그렇게 딱 한 번 했더니, 그 다음 날부터 소문이 일파만파 퍼졌어요. '권 대표에게 먼저 술 권하면 절대 안 된다'라는 소문요. 그 이후 제가 참여하는 술 문화가 참 편해졌어요.

이선화 그렇게 중국인 대리상들과 관계를 구축하셨군요. 회사 내 중국인 직원들하고의 관계는 어떻게 이끌었나요?

권국희 한 가지 에피소드가 있었어요. 초창기에 홍콩에서 디지털 카메라 막 나왔을 때, 제가 회사 비품용으로 구매한 적이 있었어요. 그런데 중국인 직원들이 디지털 카메라를 너무 신기해한 거죠.

그러다가 누군가 한 명이 고장을 냈어요. 그래서 제가 모두를 모아 놓고, '누가 고장냈냐'라고 물었어요. 아무도 대답을 안 하더라구요. 제가 '다시 한 번 더 묻겠다. 누가 했냐. 잘못을 시인해라.' 또 대답이 없었어요. 그래서 제가 그걸 들고 벽에 던져서 산산조각을 내버렸어요. 한 번도 제대로 써보지도 못한 비싼 기계를. 그리고 제가 이왕 고장 났고, 쓸 수 없는 상황이니까, 내가 원하는 답은 '제가 했습니다. 죄송합니다' 그 말 한마디다라고 했죠. 그리고 그렇게 표현 못 할 사람이면 여기서 나가라고 했어요. 그 이후에는 중국인 직원들이 '죄송합니다' '제가 잘못했습니다'라고 이야기를 하더라고요.

이선화 중국인들은 그런 말 잘 안하잖아요. 과거 사회주의 시기의 기억도 있고. 더구나 외국인 상사에게는 더더욱 그럴 것 같은데요. 체면도 있으니.

권국희 그렇죠. 그런데 처음에는 쉽게 못 받아들이더니, 나중에는 자기들도 그 방식을 굉장히 편하게 받아들이더군요. 사실 제가 제일 싫어하는 중국말이 바로 '금방(马上)'이고, 또 '내일모레(明后天)'에요. 모레(后天)까지 물건이 오기로 했는데, 그 后天이 또 明后天이 되는 거죠. 그래서 중국에서 '明后天'이라는 말은 사실 기한을 알 수 없는 말이에요. 저는 중국인 대리상과 중국인 직원들한테 정확한 일시를 못 박았어요. 나중에는 그들도 그게 굉장히 편하다는 것을 받아들이더라고요. 그리고 저는 중요한 문건은 반드시 서류로 남기고, 프린트해서 저 스스로 보관을 해요. 남들은 파일로 저장하면 되지 않냐라고 핀잔을 주는데, 저는 그것 때문에 많은 이득을 봤어요. 이게 다 경험에서 나오는 거예요. 중국에서는 구두 상으로 이야기한 것을 언젠가 부정하게 되어 있거든요. 지금은 카톡이나 위챗으로 다 남겨지죠.

중국 진출 계기와 초기 유학생활

이선화 매우 젊은 나이였는데 어떻게 중국으로 와야겠다고 생각하셨는지요?

권국희 제가 목포여고를 나왔는데 고등학교 때 제2외국어로 중국어를 선택했어요.

이선화 그 당시에는 제2외국어로 중국어를 선택할 수 있는 학교는 거의 없었을 것 같은데요.

권국희 초창기였죠. 1987년도. 제가 90학번이니까. 당시 선택할 수 있는 제2외국어는 불어, 일어, 중국어였어요. 그때 제가 아버지께 여쭤봤어요. 제2외국어로 무엇을 선택할지. 그랬더니 '앞으로 서해안시대가 열릴 거니까 중국어를 하라'고 말씀하셨어요. 그렇게 선택해보니까 중국어가 저한테 딱 맞더라고요. 고등학교 졸업 후 저는 서울 소재 전문대 중국어과에 진학했어요. 그때 제가 중국어를 너무 열심히 공부하니까, 교수님들이 대만대학으로 유학가라고 추천을 해주셨어요. 제가 막 대만 숙소에 도착했을 때, 대만대학 옆 청년활동센터가 있었어요. 1992년 8월 대만과의 단교 직후 대만대학 숙소 앞에 많은 사람들이 모여 태극기를 바닥에 던지고, 밀가루 뿌리고, 돌 던지고, 계란 던지고... 그때 저는 죄인 같은 생각이 들었어요. 그래서 한국 집에 전화를 했어요. 그랬더니 아버지께서 '한국이 중국하고 손잡았으니까, 이왕이면 큰 데 가라'고 말씀하셨죠. 그래서 대만대학 입학식도 못하고 6일 만에 바로 나왔잖아요.

이선화 그렇게 홍콩에서 비자를 받고 중국으로 들어오신 거죠?

권국희 여행비자요. L비자. 그때는 FEC라고 외국인들만 쓰는 돈이 있었어요. 그걸 안 쓰고 제가 가진 달러를 암달러상을 통해 인민폐로 바꿔서 썼죠. 1993년에 백 달러로 천사백 위안까지 바꿔봤어요. 당시 한 달 용돈으로 제가 4백 위안 정도 썼어요. 그리고 저는 굉장히 일찍 중국에 들어갔기 때문에 여기저기서 통역 요청이 많이 들어왔어요. 더구나 광저우가 개혁개방 핵심 도시 중 하나였잖아요. 통역으로 하루에 백 달러를 받았어요. 5일만 해도 5백 달러를 받았죠. 즉 풍족하게 써도 6개월 생활비를 충당할 수 있을 정도였어요. 그래서 저는 학생 신분이었어도 중국에서 궁핍하게 살아본 적이 없어요. 상하이 복단대와서도 똑같았죠. 제가 광저우에서 광둥어를 좀 배우고 왔잖아요. 그래서 상하이에서는 통역 이외에 광둥어 과외도 했었어요.

이선화 당시 복단대에 외국인은 몇 명이나 있었나요?

권국희 그때 복단대에는 900명 정도 있었어요. 석·박사 과정도 합쳐서. 제가 원래는 바로 3학년 1학기에 편입을 했어야 했지만, 사정이 있어서 어학연수 최고급과정을 먼저 이수해야 했어요. 원래 H반까지 있었는데 새로 I반을 만들어주더라고요. 제가 속한 I반에는 서울대 중문과, 외대 중문과, 안기부 직원, 동경대 중문과 출신 등의 사람들이 많았어요. 첨에 한 달은 버벅댔어요. 그런데 그 이후에는 역전이 되었어요. 제가 제일 성적이 좋아서 졸업할 때까지 장학금 받고 다녔어요. 제가 그때 항상 예습도 열심히 하고 수업 시간에 필기도 열심히 했거든요. 그렇게 열심히 하니까, 선생님들이 저를 너무너무 예뻐해 주셨어요. 당시만 하더라도 사회주의 시대의 문화가 여전히 남아있었잖아요. 그러니 저를 너무 예뻐하다 보니까 가끔은 85점이었어도 95점으로 변경해주시더라고요. 당시 우리 반에서 저의 유일

한 경쟁 상대는 러시아 고위급 인사의 보좌관으로 활동한 친구였어요. 걔는 러시아에서 국가 차원에서 파견한거예요. 6살 때부터 소림사에 있었고, 공부도 잘했고, 경극도 잘했고, 중국말도 너무 잘했고, 못하는 게 거의 없었어요. 원래 시험 성적도 걔가 저보다 더 좋았어요. 그런데 항상 걔는 2등 장학금을 받았죠. 그래서 걔가 선생님들한테 가서 따졌어요. '내가 더 성적이 좋은데, 왜 2등 장학금을 받아야 하냐', 그러니까 선생님들이 '어쩔 수가 없다. 우리는 성적하나만 가지고 평가하지 않는다'라고 말했다고 하더라고요.

중국에서의 가족 생활

이선화 영업 업무가 항상 긴장 속에 있기 때문에 가족에 조금 소홀할 수 있었을 텐데요?

권국희 제가 중국에서 우리 시어머니를 3년 모셨어요. 당시 암을 3개를 안고 사셨어요. 제가 남편과 결혼할 때 1년 반 이상 못 버티신다고 들었거든요. 그런데 3년 이상 더 사셨어요. 우리랑 함께 살았던 기간이 3년이니까. 우리 시어머니는 저를 너무 사랑하셨어요. 그때 우리 남편이 지방에 가 있어서 시어머니하고 저하고 상하이에 쭉 살았거든요. 남편 누나가 네 명이에요. 그러면 보통 시어머니들은 며느리 흉을 누나들한테 이야기할 거 아니에요. 그런데 시누이들은 항상 '우리 엄마는 며느리만 사랑한다'고 이야기할 정도였어요. 제가 일주일에 두 번 시어머니 목욕 시켜드렸어요. 제가 지방 출장 등으로 집에 없을 때는 우리 집 아줌마가 대신. 그런데 제가 목욕을 해드리면 그렇게 개운하고 좋다고 하셨어요. 항상 고맙다고. 너무 개운하다고.

임종을 제가 지켰어요. 남편도 계속 기다리다가 결국 출근 했는데, 저는 계속 좀 더 있다가, 있다가, 하다가 결국 제가 임종을 지켰어요.

이선화 남편 분은 그럼 지금은 무슨 일 하세요?

권국희 예전에 G사 주재원하고 임원급이었는데, 지금은 나와서 무역회사를 운영하고 있어요. 저도 나중에 언젠가는 회사를 떠나야 할 테니까, 미리 사업을 꾸리라고 조언을 했죠. 처음 1년은 돈 벌 생각하지 말고 투자라고 생각하고 하라고 했죠. 이제 3년 됐는데, 이미 흑자로 돌아섰어요.

이선화 남편 분께서 회사 생활하다가 개인사업을 하게 되었는데, 생활 속에서 어떤 차이를 느끼셨나요?

권국희 제가 생각할 때는 남편이 나오길 정말 잘한 것 같아요. 우리 남편이 개인생활을 편하게 할 수 있잖아요. 사장이니까. 시간이 조금 자유로워졌죠. 우리 아이 숙제도 많이 봐줄 수 있게 되었고. 또 집에 무슨 일 생기면 집안일도 봐줄 수 있고. 제가 출장이 많으니까. 또 저는 여기 상하이에서 다양한 공적인 사회활동에 참여하고 있거든요. 시어머님 돌아가셨을 때도, 제 주변에서 많이 도움을 주셨어요. 여기 영사관에서도, 우리 복단대 동문들도, 또 한국상회에서도. 장례 절차가 생각 외로 복잡한데, 여긴 더구나 해외니까. 그래도 제 주변에서 적극적으로 도와주시고 모두 알아서 해주셨어요. 그래서 저는 남편에게 여기 상하이의 한인사회가 나를 필요로 하니까 인정해달라고 말을 해요. 그래도 가능한 한 가족 내에서도 할 도리는 다하겠다고. 그러니까 이제는 남편이 외조를 잘 해줘요.

한중관계에서 상하이 한국인들의 역할과 위치

이선화 대표님도 여기서 공적인 사회활동도 많이 하시잖아요. 그처럼 상하이에 오랫동안 잘 정착한 한국경제인들이 한중 교류에서 어떤 매개자 역할을 하길 바라시는지요?

권국희 우선 한국과 중국이 win-win 관계가 되었으면 좋겠어요. 제가 거래하는 업체들도 거의 중국 측이잖아요. 저는 우리가 중국 사람들이 한국에 대해 좋은 이미지를 갖도록 노력해야 한다고 생각해요. 또 그들과 우리가 가족 같은 느낌을 가질 수 있도록 많은 역할을 담당해야 한다고 생각해요. 예를 들어, 북한은 윗집, 우리는 아랫집, 중국은 옆집이잖아요. 이 이웃 관계가 일종의 통일 관계처럼 작동하도록, 우리가 그런 역할을 해야 한다고 생각해요. 우리는 상하이 한국인, 일종의 민간 외교관들이죠.

이선화 한중수교 직후 중국에 오신 분으로서 지금 한국에서 중국에 진출하려는 사람에게 하고 싶은 조언이 있나요?

권국희 너무 서두르지 않을 것. 그리고 무조건 중국어를 잘해야 한다는 것. 최고 책임자는 무조건 중국어를 해야 된다고 생각해요. 단순히 대화를 나눌 수 있는 수준이 아니라, 서로 상호간에 감정을 전달하고 또 읽을 수 있어야 한다고 생각해요. 그리고 절대 서두르지 말 것. 한국 사람들은 '빨리빨리'잖아요. 투자금도 빨리 회수하려 하고. 그런데 중국은 시간이 필요한 곳이에요. 왜냐하면 중국 사람들은 그 사람을 천천히 관찰할 수 있는 시간이 필요한 사람들인 것 같아요. 계속 관찰하다가 어느 정도 믿음이 생기면, 정말 확 열어줘요. 그때까지 시간이 필요해요. 우리 한국인은 그때까지 기다려줘야 한다고 생각해요. 그게 아

니라 한국에서처럼 급하게 빨리빨리 뽑아먹으려 하면, 역효과
가 날 수밖에 없어요.

이선화 한국상회 등과 어떻게 관련을 맺기 시작하셨나요?

권국희 코트라의 경우 상하이에서 한국관 전시회를 할 때 한국에서
여러 업체들이 들어오잖아요. 그때마다 한국어와 중국어가 되
는 학생들 통역이 필요하거든요. 그때 제가 제일 자주 불려다
녔죠.

이선화 그럼 졸업 후 직장인이 되고 나서 한인사회에 들어가신 건가요?

권국희 아니요. 저는 그때도 중국사회 속에서 살았어요. 한국인들이
살고 있는 아파트 말고, 중국인들만 살고 있던 아파트, 외국인
이 한 명도 없는 아파트 단지에서 살았어요. 당시에는 회사일
때문에 한창 공장을 돌 때였어요. 그래서 한인사회에 여전히
관심이 거의 없었어요. 당시 우리 회사에서 수입 등으로 어떤
문제가 있어서 세관과 해관 등 기관에서 조사를 나왔어요. 그
때 제가 잠시 피신해야 했죠. 우선 총대리점이 해결을 해야 했
어요. 그래서 더욱 중국인들만 살았던 아파트에 들어가서 1년
정도 살아야 했어요. 거기서 자택 근무를 하고 밖으로는 공장
을 돌아다닌 거죠. 아파트 방 한 칸은 제 침실로 쓰고, 다른 방
한 칸은 사무실로 썼어요. 이렇게 집에서 자택 근무 생활 하면
서 제가 오더를 따내기 시작했어요. 우리 협력 업체들이 늘어
나기 시작한 거죠. 그런데 그러다 보니까, 고객들이 저를 만나
러 와야 하는데, 집으로 와서 상담할 수는 없잖아요. 그래서 지
금 여기 대표처를 오픈한거에요. 그때 이후로 계속 여기에 있
었죠.

중국에서의 조직운영 전략과 방법

이선화 여기서 공장을 새로 설립하고 또 OEM 공장 섭외하는 과정들이 쉽지는 않았을 것 같아요.

권국희 시간이 많이 걸렸죠. 체계를 구축하는데 4년 정도 걸렸어요. 하나하나 신경 쓸 일이 많았죠.

이선화 그런데 거의 20년 정도 사용하시면서 인테리어도 한 번 안 하셨네요. 법인 규모로 볼 때 상당히 검소하게 운영하시는 것 같아요.

권국희 안 그래도 본사 사장님이 몇 년 전에 우리 사무실에 오신 적이 있었어요. 오셔서 하신 말씀이, 이제 여기 사무실도 인테리어 해서 좀 더 잘 꾸미라고 하셨어요. 그리고 공간이 부족하면 옆 사무실도 합쳐서 넓히라고. 그래서 제가 그랬죠. '사장님 우리가 잘 나갈 때도 있지만, 못 나갈 때도 있을 거예요. 굳이 그렇게 큰 돈 들여서 인테리어 할 필요는 없습니다. 정 필요해지면 제가 조금씩 인테리어를 하겠습니다.' 라고 했어요.

이선화 그래도 바이어들을 만나거나 할 때 사무실이 너무 누추하면 단점이 있을 것 같기도 한데요, 어떻게 생각하시는지요?

권국희 제가 사장님께 그때, '괜히 잘 나간다고 외적으로 투자하는 것을 중국 사람들한테 일일이 보여 줄 필요 없습니다'라고 했어요. 그랬더니 사장님께서 '그래? 그럼 알아서 하세요'라고. 그래서 저 스스로도 일단 좋은 차를 타고 다니지 않아요. 버틸 수 있는 만큼 오래된 차를 몰고 다닙니다. 회사 차는 항상 상대측보다 조금 낮은 급의 차를 타요. 왜냐하면 제가 잘 나간다고 으스대는 것이 싫거든요. 실제로 회사가 잘 나가더라도 상대방에게 그런 위압감을 줄 필요는 없는 것 같아요. 겸손하게 있어도 없는 척하는 게 더 좋은 것 같아요. 그렇지 않고, 너무 잘 나간다고 표를 내면 타깃이 될 수도 있거든요. 우리 상하이 지사 직원 수도 그냥 피자 한 판이에요. 여섯 조각. 딱 그 정도. 이게 제일 관리하기가 좋은 것 같아요. 저는 더 많은 인원을 꾸리지는 않습니다.

이선화 규모에 비해 적은 인원수를 유지하고 계시는군요.

권국희 여섯 명이지만, 각자 4~5인 정도의 역할을 합니다. 저는 직원들에게 정 부하 직원이 필요하면 직접 뽑으라고 이야기를 해요. 단, 우리가 할 수 있는 거는 우리가 다 하자라고. 몸은 좀 힘들지만. 대신 직원 보상은 그 만큼 다 합니다. 우리가 2천만 달러 하다가 4천만 달러까지 할 때, 업무가 많이 늘었어요. 그때 본사에서도 사람 뽑으라고 계속 요구했거든요. 그런데 저는 인원수는 유지하되 오히려 보상을 좀 더 늘였어요. 왜냐하면 나중에 규모가 줄면 사람을 잘라야 하잖아요. 그런 것도 생각해야 하니까. 그래서 우선 가능한 범위 내에서 현재 인원으로 커버하고 있어요. 정 필요하면 새로 뽑겠지요.

이선화 그럼 직원 분들도 모두 거의 베테랑이겠네요.

권국희 네. 직원들도 재직기간이 평균 15년이에요. 어쨌든 규모가 늘어나니까 잡다한 일도 많이 늘었어요. 각자 하는 일도 많아졌지만, 저도 업무가 많이 늘었어요. 대외업무도 봐야하고, 사무실도 원활하게 움직이도록 공상, 세무, 사회부, 노동부 등을 돌아다녀야 하거든요. 우리 측 중국 사람들이 한국에 가야하면 비자도 신청해야 하고. 그래서 많은 일들은 제 인맥들이 도와줘요. 덕분에 일은 많이 하고 있는데 엄청 편하게 처리하고 있는 것 같아요. 평상시에 큰 도움이 되고 있어요. 그래서 제가 근 20년째 이 법인을 운영하면서 한 번도 타격을 받은 적이 없어요. 저는 중국 측 사람들을 대할 때 항상 존중어를 써왔어요. 내 생각은 이런데 네 생각은 어떠냐? 하면서 '괜찮은지요?'에 해당하는 '可以吗?' '行吗?' '好吗?'를 쓰고, 항상 그 앞에 정중히 권하는 '请'자를 붙여주죠. 그렇게 오랫동안 상대방을 존중해왔으니까, 상대방도 저를 존중해주었죠. 그리고 본사 측에서 가격 협상 요구가 너무 과할 때, 오히려 중국 바이어 측에서 저의 체면을 봐서 동의를 해줄 때도 있는데, 저는 그때 역으로 '이 금액은 당신들께 너무 손해니까, 한 걸음 물러서서 결정을 하라'고 조언합니다. 그리고 제가 본사를 설득하는 거죠.

이선화 어떤 이유로 그렇게까지 상대방과의 관계를 유지하시려고 노력하시는지요?

권국희 우리가 중국 측 바이어들과 오래 가잖아요. 그러니까 이런 가격협상을 한두 번 하는 게 아니거든요. 또 지금은 아니지만 언젠가는 큰 오더를 받을 수도 있고, 그때마다 또 협상을 할 수밖에 없잖아요. 그럴 때마다 우리가 가격을 세게 요구하면, 이 공장들이 계속 힘들어지거든요. 결국엔 그들도 협의를 할 수 없는 단계까지 몰릴 수도 있죠. 그러니까 제가 그 분들이 여유 있게 숨 쉴 공간을 만들어주려고 노력하는 거죠. 그게 장기적으로는 우리 회사도 좋고, 저도 좋고, 또 그 분들도 좋은 거니까. 그게 오래가는 관계니까. 그래서 저는 그 분들에게 항상 솔직하게 이야기해요. 또 본사에다가도 잘 설명을 하죠. 실은 그 분들이 그 가격에 해준다고 했지만, 내가 오히려 양보했다고. 왜냐하면 중국 사람들도 결코 바보가 아니라고. 그 깎는 만큼 뭔가 다른 뭔가로 돌아오게 된다고. 즉 부품을 더 싸게 구매한다든지, 품질 낮은 제품을 사용한다든지 등. 중국 사람들 절대 손해 보면서 장사 안한다고. 그러니 우리가 어느 정도 선에서 합의를 해야 한다고 말하면, 본사도 수긍하는 거죠. 저는 그런 역할들을 해요. 중간에서.

이선화 회사 입장이 아니라 중간자 입장을 취한다구요?

권국희 네. 그렇게 계속 하다 보니, 이제는 회사와 중국 측 모두 저에게 알아서 하라며 일임하는 편이에요. 중국 측의 경우 '지금은 내가 손해 보겠지만 나중에는 네가 적절하게 메워 준다고 믿어'라고 말합니다.

'신조선족'이라는 정체성

이선화 혹시 '신조선족'이라는 말 들어보셨어요?

권국희 신조선족? 여기서 태어난 한국인을 말씀하시는 건가요?

이선화 꼭 중국에서 태어나지는 않았어도 여기서 오래 생활하면서 중국인은 아니지만 한국의 국내 문화에 이질감을 느낀다고 할까요? 그런 측면에서 신조선족이라는 용어를 쓰는 분들이 계시더라고요. 예를 들어, 개인사업을 위해 중국에 왔는데, 중국 생활이 길어질수록 중국 내 비즈니스와 생활에서의 노하우는 많아지지만, 다시 한국으로 돌아가려 했을 때는 뭔가 어색하거나 괴리감을 느끼는 분들...

권국희 있죠. 있죠. 그러고 보면 저도 신조선족에 속하네요. 저도 솔직히 중국이 편해요. 지금 중국 생활 25년째니까. 저는 제가 한국에서 살았던 기간보다 중국에서 살았던 기간이 더 길어요.

물론 한국 TV도 똑같이 시청하고 있으니까 문화적 이질감은 적어요. 그런데 중국에 있으면 편한데, 한국 가서 1주일을 넘기면, 몸이 불편해요. '빨리 중국 가고 싶다' 그런 느낌.

이선화 혹시 한국 갔다가 돌아올 때 중국 입국 카드 표기란에 뭐라고 표기하세요?

권국희 샹우(商務), 즉 비즈니스로 표기해요.

이선화 어떤 분은 원래 비즈니스로 표기를 했는데, 나중에는 '리턴 홈'에 표기한다고 하더라고요. 즉 중국에 돌아올 때 비로소 집에 돌아오는 기분이 들고 편안한 마음이 들어서. 사실 여기 오래 계신 많은 분들은 취업비자 또는 사업비자를 소지한 외국인이잖아요. 그런데 중국 출입국 관리소도 힐끗 보더니 그냥 OK하고 들여보내줬다는 거죠. 한국인으로서 중국 사회에 살고 있지만 중국을 '자기 집'으로 인식하는 분들이 많은 것 같아요.

권국희 그런데 우리 비자 자체가 상무비자기 때문에. 그래도 이건 외국인들이 쓰는 카드인데, 이렇게 '리턴 홈'이 있는 건 아마도 영주권을 가진 사람들 때문인 것 같네요. 최근 5년짜리 또는 10년짜리 영주권 비자 가진 사람들이 많더라고요. 아직은 발급 기준이 대개 한족하고 결혼한 분들에 머무는 것 같아요. 여하튼 저도 여기 상하이에 내 집이 있고, 가정도 여기 있으니, 리턴 홈에 표기하는 것도 적절한 것 같네요. 저도 오늘 처음 알았네요.

시기별 상하이 경제활동 변화와 앞으로의 전망

이선화 여기 오래 계시면서 상하이가 본격적으로 상승하던 2000년대 초중반, 글로벌 경제위기가 발생한 2008~2009년, 그리고 지금 2016~2017년, 이렇게 3단계로 나누어서 볼 때, 상하이 및 한인 사회의 변화를 말씀해주실 수 있는지요?

권국희 2000년대 초반에는 중국 경기가 확 살아날 때죠. 외국인들이 상하이에 와서 돈을 많이 벌 수 있는 기회가 많을 때였어요. 그때는 다들 일에 미쳐서 살았다고 해야 되나? 거의 모든 사업이 잘되었고, 다들 돈도 많이 벌었고. 그때 또 부동산 붐이 일어났었잖아요? 그걸 아는 사람들은 그때 부동산을 모두 샀단 말이에요. 그래서 지금 여기서도 떵떵거리고 살아요. 초기에 샀기 때문에. 그런데 지금은 못 사죠. 너무 올라서. 그리고 2008~2009년 금융위기 때가 되면 그때까지 상하이에 자리를 못 잡았던 사람들은 하나둘씩 철수하는 거죠.

이선화 대표님 본인의 사례를 통해 보면 어떤가요?

권국희 저도 2002년부터 기계를 엄청나게 팔았어요. 정말 사업이 잘나갔죠. 그러다 2006년도 접어들면서 조금 분위기기 달라졌고, 특히 2008년 10월 전후 노동법 개정 후 여기도 약간 조정된 것 같아요. 2008~2009년 글로벌 금융위기 이후에는 많은 사람들이 빠져나갔죠. 한인사회 측은 이 시기에 물갈이되었다고 말하는 것 같아요. 그래도 여기 오래 계시면서 지금까지 개인 회사를 지탱하고 있는 사람들은 앞으로도 안정적이라고 보면 될 것 같아요. 새로 오셔서 투자하시는 분들의 경우에는 불투명하지만…

이선화 그럼 글로벌 금융위기 전후로 상하이에서 새롭게 뭔가를 시도해서 성공하는 게 쉬운 일이 아닐 것 같다고 보시는 건가요?

권국희 네. 최근에 들어오신 분들은 아직은 적자 또는 기본적인 수준에서 유지하는 정도인 것 같아요. 수익이 있어도 크지 않고, 여기 비싼 상하이 생활비 충당하는 데 겨우 맞추는 정도인 것 같아요.

이선화 그럼 금융위기 이후에 조금이라도 과거처럼 회복이 되고 있다는 느낌을 받은 적이 있으신가요?

권국희 회복은 안 되는 것 같아요. 그래도 저희는 글로벌 금융위기 전에 조금씩 뭔가 상황 변화를 주시했고, 그래서 이미 2007년부터 생산기지를 옮기기 시작했어요. 그때부터 물밑 작업을 시작한 거죠. 왜냐하면 2007년부터 생산원가 차이가 너무 많이 나기 시작했어요. 그러니깐 한국에서 생산한 기계를 중국 내에서 판매하기가 너무 어렵다는 것을 실감했죠. 그래서 차라리 그럼 중국에서 생산하고 또 OEM도 뚫자고 결정했죠.

이선화 이걸 먼저 적극적으로 대표님께서 제안을 하신 거예요?

권국희 상호적이었어요. 제가 먼저 중국 시장 보고를 했고, 본사에서도 관련 제안을 했었죠. 그래서 처음에는 우리가 중국에서 부품을 한국으로 보내서 조립을 했어요. 그런데 금융위기가 막 다가올 무렵 환율 급등하고, 기계 수입도 체감 상 어려워지고. 그래서 중국 생산으로 해서 제3국 수출로 전환했죠. 물론 처음에는 중국 생산, 한국 검수, 제3국 수출이었는데, 물류비용이 이중으로 들어가니까 차라리 중국 내 검수를 확실하게 해서 여기서 다이렉트로 수출하는 체계를 구축했죠.

이선화 그러면 상하이의 업무가 훨씬 많이 늘어나는 거 아닌가요?

권국희 그래서 제가 조정 역할을 수행하고 있는 거죠. 상하이 지사의 6명 직원 중 운전기사 1명 제외하면 5명이 매년 3천만 달러에서 4천만 달러 내보내고 있어요. 그 정도면 기계가 어마어마하게 많거든요. 전국 각 공장에서의 검수 일도 많죠. 기계 색상, 부품 통일, 액세서리 박스 통일 등 그거 하는데 엄청난 시간이 들어가거든요. 3년 정도 엄청 고생했어요. 통일화 작업 하는데.

이선화 중국인 친구들을 많이 말씀하셨는데, 그래도 여기 비즈니스 활동 하면서 중국 측 잠재 고객들로부터 불이익을 받은 경우는 없었나요?

권국희 좀 지난 일인데, 중국 사람들은 자신이 술을 마시고 싶고 또 접대 받고 싶으면, 우리 같은 사람들에게 전화를 합니다. 예를 들어, 중국인 공무원이 저한테 전화해서 우리 지역에 당신네 기계를 구매하고 싶은데 견적서 들고 와봐라. 그래요. 초기에는 저도 부랴부랴 달려갔죠. 그렇게 가면 그날 저녁 식사자리에 기계를 구매할 업체다 뭐다 하면서 사람들을 많이 불러요. 그럼 저희가 밥과 술을 사야될 거 아니에요. 그런데 그 사람들 비싼 거 먹고 마셔요. 그렇게 먹고는 연락을 딱 끊죠. 그런 중국 사람들이 많아요. 저도 겪었죠. 물론 지금은 좀 드물어요. 예전에 한 동안은 그런 전화들이 되게 많았어요. 저도 나중에는 알면서 많이 속아줬어요. 6시간 동안 차 운전해서 가서는 밥 사주고 술 사주고 또 6시간 운전해서 돌아오는 거죠. 알면서도 '그냥 술 한번 사주러 가자'하고 갔었죠. 뭐 그렇게 중국 현지 경험도 많이 쌓았죠. 물론 돈 주고 배운 경험이지만. 여하튼 나중에는 대처할 수 있는 지혜가 생기더라고요. 즉 예전에는 달려갔는데, 이제는 제가 '상하이로 꼭 한 번 나오십시오'라고 하죠. 제가 '여기서 대접하겠다'고. 물론 거의 안 오죠. 진짜 구매할 사람들은 오겠지만.

이선화 미국 같은 경우는 아예 이민을 갈 수 있잖아요. 하지만 상하이
는 외국인의 경우 이민을 할 수 있지 않아서 이렇게 때마다 Z
비자를 연장해야 하는데, 어떻게 생각하시나요?

권국희 엄청 불편하죠. 1년 또는 2년에 한 번씩 연장하다가, 지금은 3
년에 한 번 연장까지 나왔지만. 이외에도 제한이 많아요. 동반
가족 성격에 따라서 안 되는 경우도 있고. 이게 엄청 불편해요.
그런 게 없으면 상하이 생활도 좀 좋을 텐데. 아직은 5~10년
비자를 일반인 대상으로는 잘 주지 않으니까. 차라리 비용을
좀 더 비싸게 물더라도 5년짜리 비자를 줘서 편하게 해주면 좋
을 것 같아요.

이선화 사업도 하고, 한인사회 활동도 하고, 가정도 꾸리고 있는데, 몸
이 하나로 가능하신가요?

권국희 결국 시간을 계속 조정하며 투입하는 거죠. 제가 여기 상하이
한인학교 교육위원회 활동을 하고 있는데, 거기 회의가 잡히면
그 시간만큼 출근 시간을 조정해서 밤을 새서라도 마무리하는
거예요. 그래도 요즘은 스마트폰이 발달돼서 카톡, 보이스, 메
일 등 바로바로 체크해서 처리를 하니까, 좀 숨을 쉬죠. 그런
생활의 반복이에요. 이렇게 인터뷰 하면서도 계속 제가 위챗
등으로 일을 처리하고 있잖아요. 어쨌든 저는 눈 뜨고 있을 땐
엄청 바빠요.

이선화 그래도 언젠가는 한국으로 돌아가실 생각을 하시는 거죠?

권국희 그렇죠. 저는 제 아이를 한국 대학에 보낼 생각이에요. 그래서
한국어 교육도 많이 해요. 한국인이니까 무조건 한국어를 교육
해야 한다고 생각해요. 교육도 가능한 한 한국교육을 우선으로

해야 한다고 생각해요. 정체성이 중요하니까.

저는 아이가 한국 대학에 가면 따라갈 생각이에요. 그때 되면
저도 나이가 60정도 될 테니까, 그때 갈 생각이에요. 남편도
저하고 같은 생각이고요.

제2부

주재원에서 사업가로

백운태 Shanghai Bai Parts trading 대표 / 전 현대모비스 상해·염성 법인장

백운태 대표 인터뷰는 2016년 3월(2회), 7월, 12월 등 총 4회 약 11시간에 걸쳐 진행되었다.

그는 1994년 이후 약 15년간 베이징과 상하이 등 중국의 '두 개의 수도'에서 한국 대기업 주재원으로 생활했고, 특히 상하이가 세계적으로 급격히 부상하던 2001년부터 2009년까지 법인장을 역임했다.

한중수교 초기부터 그는 중국에서 빠르게 성장하는 한국계 대기업 주재원 및 법인장으로 오랫동안 활동했기 때문에, 그의 중국에서의 삶을 통해 우리는 당시 중국인, 중국사회, 중국정부가 어떻게 한국 사람과 대기업을 인식하고 대우했는지에 대해 잘 알 수 있다.

앞서 김병추 원장 사례처럼, 백운태 대표의 이야기를 통해 우리는 한국 대기업들의 중국 진출에 있어 '공식적 기록'과 '비공식적 기록' 간에 큰 차이가 있음을 알게 된다. 사실 중국 '정부'와 관련된 비공식 기록은 어느 정도 시간이 흐른 이후에야 조금씩 공개될 수 있다는 것을 고려할 때, 현재 우리가 매체를 통해 일상적으로 접하고 있는 '공식화된' 한중관계 및 한국기업 중국진출 등은 '빙산의 일각'에 불과할 수 있다. 즉 우리는 한중교류의 현상과 문제 등을 접근하고 분석할 때 공식적 '일각' 이외에 비공식적 '빙산'을 동시에 고려할 필요가 있다.

진출 초기의 중국 인상 및 주재원 생활

김판수 중국에서의 삶에 대해 말씀해주십시오.

백운태 저는 1994년 6월 HA 주재원으로 나왔습니다. 그때 중국은 공산주의적 색채가 강했어요. 특히 베이징은 더 그랬죠. 또 서울 – 베이징 직항도 없어서, 톈진을 통해서 들어왔어요. 톈진 공항에서 처음 본 중국인들은 인민해방군 군복의 일종으로 보이는 녹청색 긴 옷을 많이 입고 있었어요. 당시 베이징은 회색 콘크리트로 뒤덮여 있었고요. 먼지가 많고, 도시는 지저분하고, 사람들이 입은 옷도 위생적이진 않더군요. 그래서 저는 선진국 국민인 것 같은 우월감을 느끼기도 했었죠. 실제로 한국에서 온 대기업 주재원이라고 하면 '우와'하는 사람들이 많았어요. 중국 수도 베이징 사람들이 우리를 특별히 우대해주고 존중해주었죠. 그래서 참 살맛났죠. 한중관계 수천 년 역사 속에서 이처럼 한국인이 큰 소리 치면서 우월감 느끼며 살았던 적이 없었으니까요. 그런데 2007년 정도 되니까 그런 것도 급격하게 사라지더군요.

김판수 초기 주재원 생활은 어떠셨나요?

백운태 우리 HA 같은 경우는 중국 내에서 기업 컬러가 확연했어요. 제가 묵었던 호텔에 삼성과 SK에서 파견한 예비 주재원 학생들이 있었어요. 중국 주재원으로 내보내기 위해 공부하라고 미리 보낸 직원들이죠. 이처럼 다른 기업들은 준비를 해서 정식으로 주재원을 파견하더라고요. 우리는 그런 거 없었어요. '너, 가봐'하면 '예'하고 나와야하는 거였죠. 그렇게 베이징에 와서 낮에는 일하고 밤에는 공부했어요. 그래서 다른 그룹들의 시스템을 내심 부러워하긴 했죠. 그렇게 6개월 정도 지나니까 일종의 공포감이 들더군요. 중국말도 안 되고, 상황파악도 잘 안 되고, 일종의 좌절감. 아침부터 바쁘게 돌아다녔는데 저녁에는 아무것도 안 한 것 같은 기분. 당시 제가 맡았던 업무 자체도 조금 그랬었어요. 한중수교 이전 1991년도부터 중국에 HA 차량들이 밀수로 엄청 많이 들어왔었거든요.

김판수 한국 생산 자동차가 밀수로 들어왔다고요?

백운태 지금은 잘 이해가 안 되죠? 원래 한국에서 HA는 S모델을 단종시키려 했는데, 밀수로 중국에 워낙 많이 들어가니까 6개월간 생산을 연장할 정도였어요. 그 정도로 성업이었죠. 그때는 제가 부산에서 근무할 때였는데, 당시 중국에 밀수로 많이 내보내는 무역회사를 직접 찾아서 그들을 통해 자동차 부품을 중국으로 수출하는 업무를 맡았어요. 그러다 나중에 본사에서 저한테 '중국 나가라' 해서 나왔죠.

김판수 본사에서 사장님을 중국으로 내보낸 구체적인 계기가 있었나요?

백운태 당시 한국에서는 무연휘발유를 썼는데, 중국은 아직 유연휘발유를 사용하던 시절이었어요. 그러니 한국에서 밀수로 들어간 차량들의 고장이 잦을 수밖에요. 그래서 제가 중국 들어와서 우선 했던 업무는 도대체 얼마나 많은 밀수차량이 들어왔는지, 어느 지역에 가장 많이 들어갔는지, 어떤 부품들을 주로 가져와야 하는지 등을 파악하는 것이었어요. 그런데 답답한 거죠. 어딜 가서 누굴 잡아서 물어봐야하는지 전혀 단서가 없으니까요.

김판수 중국어를 전혀 못하는 상태에서 들어왔으니... 정말 힘드셨겠네요.

백운태 네. 고생고생 하다가 결국 조금씩 알아가게 되더군요. 그래도 저는 나올 때부터 이미 중국에서 승부를 걸겠다고 작심하고 나왔기 때문에 초기부터 중국어에 대해 남다른 애착을 가지고 있었어요. 1년 반 정도 혼자 중국어를 열심히 공부했죠. 낮에는 업무를 보고, 저녁에는 필요한 용어 등을 공부했어요. 그렇게 베이징에서 3년 반을 보냈어요. 베이징 사무실을 현지인 중심으로 재배치하고 한국으로 복귀하려던 차에 상하이에 새로운 법인 만드는 기획에 참여하게 되었고, 그래서 상하이로 내려왔죠. 그때가 1998년도 초였어요.

김판수 정확히 IMF 시기였는데, 기업들이 해외 진출을 조금 조심스럽게 보던 시기와 맞물리는군요.

백운태 네. IMF 전후로 상하이에 우리 무역법인이 생겼어요. 물론 원래는 상하이 무역법인을 세울 때 중국 내 5대 거점에 정비지원센터를 만들고 상하이 무역법인에서 부품들을 지원해주는 등 큰 규모로 기획을 했는데, IMF 상황 때문에 결국 정비센터 계획을 취소했죠.

김판수 당시 HA가 본격적으로 들어오지 않았을 때 정비법인 설립을 기획할 정도였다면, 그만큼 밀수를 통해 차량이 많이 들어왔다는 거죠?

백운태 많이 들어왔죠. IMF로 인해 원래 계획이 취소되면서, 본사에서 상하이법인 자체를 없앨까 말까까지 고민하다가, 결국 무역법인을 설립하는게 쉬운 일이 아니니까 최소한의 자본금을 가지고 운영하라는 지시를 내려보냈어요. 그 이후 6개월 동안 참 힘들었어요. 방향성이 상실되었으니까요.

김판수 이후에는 사업이 어떻게 전개되었나요?

백운태 상하이 무역법인을 통해 한국차 관련 부품을 중국에 유통시키면서 1999년부터 자리잡기 시작했죠. 이후 1999년에 HA 중국 본부가 상하이에 세워졌고, 2003년에는 베이징에 BH가 설립되었죠. 저는 계속 상하이에 남아 있었어요. 소속도 HM으로 바뀌었고요. 상하이에서 HM 순정 부품을 중국으로 공급하는 업무를 맡았습니다. 그러다 제가 한국 본사로 복귀해야 하는 분위기가 만들어져서, 2009년에 퇴직하고 중국 상하이에 남았죠. 2010년부터는 개인적으로 부품무역 법인을 설립해서 운영하고 있습니다.

김판수 여기 주재원으로 활동한 분들이 한국으로 귀임하지 않고 남는 경우가 많더군요. 사장님은 왜 그런 결정을 하셨나요?

백운태 저는 아날로그 세대잖아요. 중국에서 15년을 주재원 생활을 했고. 그러니 당장 한국에 들어가면 한국 내 디지털 세대에게 밀릴 수밖에 없잖아요. 제가 중국 내에서는 경쟁력이 있어도 한국에서는 떨어지는 거죠. 다른 이유로는 아이들 교육 때문에 들어갈 수 없었어요. 그리고 대부분 한국 대기업은 50대 초중반에 나가는 분위기가 있어요. 그러나 저는 중국에서 이미 인맥도 많고, 경험도 쌓여 있으니 한국 돌아가서 그걸 잃는 것보다 여기 남는 게 더 좋다고 판단한 거죠.

기피 대상이었던 중국 진출

김판수 1994년에 최초로 중국에 오신 건가요? 아니면 그 이전에 몇 번 나와 보셨나요?

백운태 1993년에 일주일 여름휴가로 중국에 나왔어요. 그때가 처음이었어요. 그 당시에는 수교가 이루어지긴 했지만, 아직 중국은 적성국가로 인식되었기 때문에, 본사에서 발행한 동의서가 필요하더라고요. 그걸 받아서 와봤습니다.

김판수 귀중한 휴가인데, 왜 군이 '적성국가'를 선택하셨나요? 그런 까다로운 절차까지 거쳐야했는데.

백운태 저는 1986년도에 입사했어요. 계속 부품관리 업무만 했고요. 그걸 7년 정도 하니까 너무 지겹기도 했어요. 개인적으로 뭔가 새로운 변화를 필요로 했습니다. 그때 마침 중국으로 대량 밀수된 차량들 때문에 제 일이 중국과 연관이 되기 시작했었죠. 그래서 중국으로 가봐야겠다는 생각이 자연스럽게 들었습니다.

김판수 당시 여름휴가로 처음 중국에 들어왔을 때, 어디로 입국했나요?

백운태 상하이로 들어왔어요.

김판수 첫 중국 경험은 상하이였군요. 그 당시 상하이는 아직 제대로 발전하기 전이었는데, 기억에 남는 인상을 소개해주십시오.

백운태 뭐랄까, 당시 상하이 푸동은 거의 허허벌판이었고, 지금처럼 특별히 가서 볼 곳도 많지 않았어요. 공항에서 처음 나왔을 때도 '상하이는 그냥 허름하구나'하는 생각을 했어요. 당시만하더라도 상하이는 그저 중국의 한 도시에 불과했었죠. 제가 베이징에서 주재원 생활 했을 때도, 베이징은 중국의 수도였지만 여전히 낙후된 모습을 간직하고 있었죠.

김판수 중국에 주재원으로 나간다고 했을 때, 동료 분들의 반응은 어땠나요?

백운태 중국 발령 받아서 간다니까. '왜 가냐? 미쳤냐?' 뭐 다들 이런 반응이었어요. 원래 위에서는 저 말고 본사에 근무하던 다른 사람들에게 이야기했었는데, 다들 '절대 못 간다'고 그랬나 봐요.

김판수 그 당시 중국 주재원은 기피 대상이었군요.

백운태 모두가 거부했죠. 왠지 모르게 불안한 곳이란 인식이 강했죠.

김판수 당시 가족 분들도 비슷한 반응이었겠네요?

백운태 부모님도 우려를 많이 했죠. 그래도 부친께서는 한학(漢學)을 평생 하셨어요. 저는 어릴 때부터 부친을 통해서 중국 전통 문화에 대해 많이 들을 수 있었죠. 그러니 부친께서도 걱정을 하셨겠지만, 또 기대도 하셨을 것 같아요. 부친도 중국에 대한 동경심이 있었을 것 같아요. 그리고 당시 한국의 상황도 그렇게 유연하지 않았어요. 예를 들어, 중국에서 누가 한국에 들어오잖아요? 그럼 파출소에서 따라 붙었어요. 적성국가로 인식했기 때문에. 그리고 아내의 경우에는 이미 제가 중국에 가고 싶어한다는 것을 대충 알고 있었어요. 원래 제가 1993년 여름휴가 때 국내 섬유회사 사장들하고 중국을 같이 다녀왔거든요. 1993년 말에는 한 섬유회사 사장이 저한테 회사 그만두고 나와서 같이 중국 무역하자고 꼬드겨서 저도 이미 넘어간 상태였어요. 그래서 제가 1993년 말에 회사에 사표를 냈는데, 본사에서 받아주지 않았죠. 그렇게 6개월 정도 있다가 중국 주재원으로 나오게 된 거였어요.

김판수 중국 진출 이전에는 중국에 대해서 어떻게 생각하셨나요?

백운태 그때 저는 중국에 대해 잘 몰랐어요. 공산당 개념도 그렇게 강렬하지도 않았고. 그저 우리하고 체제와 문화가 달라서 힘들

것 같다는 생각, 그리고 환경이 낙후되어서 살기는 쉽지 않을 거라는 생각. 그리고 그때 저는 오직 경제적인 측면만 봤어요. 당시 중국 무역하는 주변 사람들 통해서 그저 재미있는 나라라는 생각을 많이 했어요. 이런 생각이 그때 저를 지배했기 때문에 다른 부수적인 것들을 고려하지 않았어요.

김판수 제가 상하이에서 만났던 분들은 대개 중국 진출 이전에 '공산당 체제'에 대해 걱정을 하셨는데...

백운태 저는 진짜 그런 게 없었어요. 그때 오퍼상들하고도 재미있게 업무를 했고. 그들이 저에게 희망을 많이 줬어요. 실적도 높았고. 그리고 1993년도에 이미 중국 몇몇 지역을 한 바퀴 돌았잖아요. 가는 곳마다 저희에 대한 대접이 융숭했고, 물론 외국인이니까 투자하라고 많이 부추길 때였죠. 어떨 때는 우리 앞에 중국 경찰차가 에스코트할 때도 있었어요. 그래서 당시만 하더라도 그저 흥미로운 부분들에만 관심을 기울였던 것 같아요.

김판수 그때 함께 동업하려했던 섬유공장 사장님과는 어떻게 되었나요?

백운태 제가 중국 주재원으로 가게 되었으니... 그저 아쉬워할 수밖에 없었겠죠. 그리고 베이징 주재원 때 제가 하던 업종과 차이가 컸으니, 이후에는 못 만났어요. 저도 가끔 '만약'이라는 가정을 해봤어요. 그때 중국에 나와서 섬유업을 했더라면 어땠을까... 적어도 10년 정도는 엄청 재미있었겠죠. 당시엔 섬유업이 호황이었으니까요. 그런데 지금은 이미 사양길 끝에 있잖아요. 중국 개혁개방 초기에 한국 섬유업체는 돈 많이 벌었어요. 한 10년 정도 하다가 손 떼고 업종 전환한 사람들은 괜찮았지만, 계속 붙잡고 있던 사람들은 애를 많이 먹었죠.

김판수 중국이 이미 성장한 이후, 주변 분들의 반응은 어떻게 변화되었나요?

백운태 처음에 나올 때는 친구들이 '돌았냐? 미쳤냐?' 그랬는데, 2005년 즈음되니까, 인식이 완전히 바뀌었죠. 다들 '탁월한 선택이었다'고(웃음). 그때부터 한국 내에서의 중국 인식이 급변하기 시작했던 것 같아요. 이후에는 한국이 점차 어려워지니까, 저에게 중국 진출 관련 문의가 많이 들어오기 시작했어요.

중국 정부의 한국 대기업 인식 변화

김판수 주재원 시절에 대해 이야기 해주시기 바랍니다. 당시 한국 주재원에 대한 중국인들의 인식과 중국 정부의 태도에 대해서요.

백운태 제 주재원 생활의 황금기는 상하이 HM 법인장 시기였던 것 같아요. 2001년부터 제가 상하이 서부의 쑹장 개발구역 허허벌판에 땅을 사서 회사 건물을 지어 올렸거든요. 그때는 물류기업으로 신고했었어요. 그때는 우리가 현지 생산을 하지 않았기 때문에 중국 당국에서는 그다지 적극적으로 나서지 않았어요. 또 당시 중국에서는 대우 브랜드가 더 유명했었어요. 한국 기업이라고 하면 다들 '대우'냐고 묻던 시절이었어요. 그때 우리가 아무리 H기업은 세계 500대 기업에 포함된다고 선전해도, 중국 공무원들은 그런 기업도 있냐고 되묻던 때였어요. 그래서 제가 시간과 공을 들여 중국 공무원들을 꼬셔서 우리 회사 미래 청사진도 뻥튀기하고 나서야 비로소 좋은 조건으로 땅을 받아서 공사를 시작할 수 있었고, 2002년 6월에 개업식을 했습니다.

김판수 그럼 언제부터 중국 공무원들이 H라는 기업을 제대로 인식하기 시작했나요?

백운태 저희가 개업 초기에도 일이 별로 없었어요. 그런데 2002년 말부터 중국에서 S모델이 정식 생산되면서 H가 널리 알려지기 시작했고, 2004년부터는 우리가 중국에서 급격하게 성장하기 시작했죠. 2005년 말에는 HM이 쑹장구 전체 기업 중 매출이 10위권이었고, 순이익 면에서는 2등을 차지했었어요. 그러다보니 쑹장구 구청장이 깜짝 놀란거죠. 이름도 잘 알지 못했던 기업이 상위권에 올라 있었으니까요. 이처럼 HM에 대한 인식이 제고되면서 쑹장구 하급의 현급 정부 인사들이 우리들에게 식사를 자주 대접했어요. 제가 쑹장구 공무원들에게 밥을 산 경우는 거의 없어요. 우리가 세금을 많이 냈으니 어쩌면 당연한 거였죠. 한국에서는 보기 힘든 광경이죠. 공무원들이 기업 인사들에게 밥 사주려고 쫓아다녔으니.

김판수 그들이 볼 때 그만큼 H의 활동이 중국에 큰 이익이 된다고 여겼겠죠?

백운태 그때 중국 공무원들 성과 평가란에 '외자유치'가 있었고 그에 따라 인센티브도 지급했었어요. 그러니 공무원들도 적극적으로 행동했던 것 같아요. 물론 유치 이후에 나몰라라 하는 경우도 많지만, 이후에 그들하고 어떻게 관계 유지를 하는지에 따라 외국 기업이라도 적극적으로 케어를 받을 수 있었죠. 예를 들어, 당시 관할 파출소에 컴퓨터가 없었거든요. 그래서 우리 회사에서 컴퓨터 교체할 때 그걸 수리해서 파출소에 기증하고, 관할 고아원과 양로원 등에도 분기별로 물품 기증도 하고, 거리청소도 자주 하고, 이외에 투자하려는 한국 기업도 소개시켜주고 했죠. 가능한 한 그 사람들에게 도움이 될 수 있도록 많이 노력했어요.

김판수 중국 현지 법인 발전을 위해 많이 노력 하셨군요. 지금처럼 '사회적 기업' 이미지 만들기 필요성도 적을 때였잖아요.

상하이에서의 사업과 생활

김판수 상하이에서의 삶에 대해 말씀해주십시오.

백운태 상하이 생활은 1998년부터 시작했죠. 법인장할 때는 계속 회사 일에 매여 있어서 딱히 생활이랄 게 없었어요. 2009년 12월에 사표를 내고 2010년부터 개인사업을 시작했습니다. 그런데 그 후 2년 동안 몸이 좋지 않아서 병원을 전전했죠. 제 생각에는 중국 술과 중국 음식들 때문이었던 것 같아요. 오랫동안 법인 장 생활하면서 한국에서 출장자들이 많이 나왔거든요. 그럴 때마다 중국 음식과 중국 술을 계속 마셨으니 몸이 많이 상한 거죠. 그때는 중국 음식에 쓰였던 물의 수질이 좋지 않았거든요. 회사 일을 열심히 하면서 개인에게는 가장 소중한 건강을 잃어 버린 거죠. 그래서 개인사업 초기에 매우 어두운 시절을 보내 야만 했어요. 건강은 2011년에 겨우 회복되었고요. 그 이후 2012~3년에는 사업이 잘 안 되었습니다. 계속 시행착오를 겪는 시기였어요. 제가 H에서 오랫동안 법인장을 했잖아요. 흔히 말하는 '갑'의 위치에 오래 있었는데, 갑자기 '을'의 위치로 바뀌니까 일이 쉽지 않더라구요. 제가 몸 담았던 조직에 가서 비위를 맞추는 것도 쉽지 않았고요. 그래도 상하이 생활이 궁핍하지는 않았어요.

김판수 거의 2년 동안 병원을 전전했고, 개인사업도 몇 년 동안 힘들었잖아요. 그 동안 자녀분들 교육비도 상당히 많이 지출하셨을 것 같은데... 또 2009년 말이면 여전히 글로벌 금융 위기의 후과들이 작용하고 있었던 반면, 상하이는 그야말로 글로벌 도시로 우뚝 서면서 생활비면에서 크게 증가한 시기잖아요.

백운태 여기 상하이에 남아있는 한국인들처럼 저도 오래 있었던 만큼 상하이 부동산에 투자해둔 게 조금 있었어요. 개인사업을 위해 직원들을 고용했기 때문에 그들의 성장을 돕기 위해서라도 사업이 잘 되어야만 했죠. 그런데 여러 가지 측면에서 그러지 못했으니 심적으로 힘들었을 뿐이에요.

김판수 개인사업은 언제부터 안정되었는지요?

백운태 한국 내 자동차 부품회사 중 10위권에 드는 곳에서 중국 현지 유통 전문업체를 급하게 찾았어요. 정확히 제 영역은 아니었는데, 그 쪽에서 저를 매우 급하게 찾아왔었죠. 저는 제 영역도 아니고 준비도 안 되어있던 상태였지만, 받아들였죠. 지금 생각하면 조금 황당하긴 합니다. 부랴부랴 자금 준비하고, 잘 나가는 부품 목록 조사하러 다니고, 중국 내 대리점들 수소문했죠. 지금(2018년 1월) 3년 정도 하면서 중국 내 대리점을 70여 개 정도의 유통망까지 만들었어요. 한국 기업 부품을 수입해서 중국 현지 운영 대리점들에게 공급하고 있습니다. 거의 전국에 네트워크를 깔았어요. 멀리는 우루무치까지.

'신조선족' 개념에 대한 생각과 한국인-중국동포 관계

김판수 오랫동안 상하이에 있는 한국인들은 가끔 자신을 신조선족이라고 부른다고 하더군요. 어떻게 생각하시는지요?

백운태 그건 농담이죠. 그렇게 자주는 쓰지 않는 것으로 알고 있습니다.

김판수 그럼, 어떤 맥락에서 그런 용어를 쓴다고 생각하시나요?

백운태 중국에 나와서 오래된 사람들이죠. 한국 떠난지 오래 됐으니까 한국은 낯설고, 그렇다고 중국인도 아닌. 한국과 중국 양쪽 어중간한 상태에 있는 그런 사람들을 신조선족이라고 이야기 하는 것 같아요.

김판수 언제부터 그런 말이 쓰이기 시작했을까요?

백운태 저는 2003년부터 들었던 것 같아요.

김판수 당시 누군가가 그런 말을 쓰기 시작했을 때, 또 그 말을 처음 들었을 때 어떻게 생각하셨나요?

백운태 그냥 뭐랄까. 그때는 일종의 비하적인 표현이라고 생각했던 것 같아요. 당시에는 한국인들이 중국동포를 조금 낮게 보던 때였으니까요. 그러니 한국인 스스로 신조선족이라고 부르는 것은 자기비하라고 생각한 거죠. 그리고 다른 한국인들에게 신조선족이라고 부르며 농담할 때는 웬만큼 친하지 않고서야 잘 하지 않았던 것 같네요.

김판수 그러면 지금은 좀 다르지 않을까요? 2003년이면 그나마 한국이 잘나갈 때였겠지만, 지금은 중국이 더 잘 나가고 있을 때니까, 한인사회에서 신조선족 의미가 조금 달라졌을 수도 있을 것 같아요.

백운태 아니요. 크게 달라진 건 없을 것 같아요. 다만, 지금 맥락에서 좀 더 의미를 부여하면 '중국에 아주 완전히 적응한 사람'이라는 뜻으로 확장 되었을 것 같아요.

김판수 그럼 좀 더 긍정적으로 변화되었다고 볼 수 있을까요?

백운태 그걸 긍정적으로 볼 수도 있고 부정적으로 볼 수도 있고... 제 생각에는 한국인들은 그렇게 썩 듣고 싶어 하는 표현이 아닌 것 같아요. 그리고 신조선족 이라는 말 이외에 '신선족'이라는 말도 있어요.

김판수 그렇게 불릴 정도로 오랜 경험을 가진 분들은 상하이에서 어떻게 살아가고 있나요?

백운태 중국 정부는 외국인의 경우 60세 정도 넘어가면 취업 비자를 잘 안주잖아요. 그러니 비자 문제 때문에 한국 들어가는 사람들도 꽤 있어요. 즉, 중국도 이제는 젊은 사람들이 필요한 거죠. 물론 본인이 직접 법인을 만들어서 운영하면 상관없는데, 단순 취업이라면 연령 때문에 못 받게 되는 거죠.

김판수 그럼 최근 한국인과 중국동포의 관계는 어떻게 변화되었나요?

백운태 지금은 중국에서 중국동포들이 한국인을 뛰어넘어 더 상층으로 올라가고 있어요. 여기 상하이의 많은 업체나 식당들이 중국동포 소유입니다. 좀 더 시간이 지나면 한국인들이 여기 와서 중국인, 아니 그 중국동포 업체에 취업하려는 경우가 많아질 거예요. 즉 우리는 더 이상 중국동포를 단순히 한국에 보모로 또는 식당 주방에 있는 사람으로만 생각하면 안 됩니다. 이제는 한국인들이 중국동포들과 파트너 관계를 맺고 살아가야 하는 단계에요.

IMF 이후 가속화된 한국인의 중국 진출과 상하이 한인사회

김판수 1998년에 처음 상하이 오셨을 때 한국인 수는 어느 정도였었나요?

백운태 3천 명에 조금 못 미쳤을 것 같아요. 그래서 길가다가 마주치면 서로 반갑게 인사하고 그랬어요. 우연히 한국말을 듣게 되면 '어? 한국분이세요? 안녕하세요?'라고 인사했어요. 요즘과는 크게 다르죠.

김판수 그때는 정말 한인사회가 작았군요. 인구 수도 베이징에 비해 상당히 적었고요.

백운태 당시 상하이는 한국인들의 선호 지역이 아니었어요.

김판수 왜 그렇게 적었을까요? 그래도 상하이는 경제 중심지인데.

백운태 지금이야 경제 중심지로 널리 알려졌지만, 그때 상하이는 한국인에게 별로 알려지지 않았어요. 그때 한국인들은 중국하면 다들 베이징만 떠올렸죠. 기업들도 모두 베이징으로 몰려들었고. 상하이에 대한 한국인의 인식이 급변하게 된 거는 아마도 2001년 1월 중순 북한 김정일이 상하이에 방문해서 '상하이는 천지개벽했다'라는 말을 한 이후일 겁니다. 그게 한국에 많이 알려졌죠. 그 이후로 상하이가 한국 언론의 주목을 많이 받았던 것 같아요. 한국 미디어 매체에 상하이 기획 특집이 상당히 많아졌죠.

김판수 그 이후 상하이의 한국인 인구가 급격히 늘었을 것 같네요. 당시에 대한 인상이 궁금합니다.

백운태 2002~2003년 즈음 상하이의 이사 업체들이 막 녹아났었죠. 한국인들이 엄청나게 몰려 들어오더라고요.

김판수 그때 다들 무슨 생각으로 나왔을까요?

백운태 1998년 IMF 이후 한국이 정말 어려웠잖아요. 그때 한국 언론에 중국 진출 관련 내용들이 계속 보도되었죠. 그리고 실제로 중국에 한두 번 와서 보니까 뭔가 될 거 같은 거죠. 왜냐하면 그때 상하이는 한국인들이 이미 과거 한국에서 살아왔던 길을 다시 한 번 걸어볼 수 있다는 느낌을 줬어요. 마치 주택복권 번호를 알고 있는 그런 느낌. 내일 증권뉴스를 미리 알고 있는 느낌. 그게 보였던 거죠. '아. 뭘 해도 되겠다'라고...

김판수 '주택복권 결과를 알고 있는 느낌'이라는 표현은 정말 흥미롭군요.

백운태 한국이 겪은 IMF가 촉매제였을 겁니다. 하지만 중국이었기 때문에 바로 나오기가 힘들었죠. 그러니 3~4년 정도 조사를 거쳐서, 대략 2002년 월드컵 전후로 본격적으로 나오기 시작한 거죠.

김판수 그때 그렇게 꿈을 품고 나왔던 한국인들은 실제로 상하이에서 예상만큼 잘 성공했다고 생각하시는지요?

백운태 그때 나온 사람들 중에 돈 번 사람들은 정말 많습니다. 대표적으로 섬유, 신발, 완구 등을 했던 사람들. 지금은 물론 맛이 갔지만... 동남아 쪽으로도 많이 옮겼고. 하지만 그때는 정말 돈을 많이 벌었어요. 그런데 달러 환율이 2천 원 넘어갈 때 고꾸라졌죠.

김판수 2008~2009년 미국발 금융위기 때군요.

백운태 네. 그때는 한국인들이 기계 설비들 모두 놓고 그냥 야반도주하던 시대였죠.

김판수 상하이에서 사업이 아니라 부동산을 잘했던 사람들은 또 달랐을 것 같은데요.

백운태 그렇죠. 2001년 8월부터 상하이에서는 외국인의 부동산 매매 규제가 풀렸어요. 그 즈음 나와서 부동산에 투자했던 한국인들은 모두 자리 잡았죠. 물론 2008~2009년에 환율이 2배 정도 오르면서 또 그때 집값 좀 올랐다고 팔고 나간 사람들은 사실상 크게 손해를 봤다고 할 수 있죠. 그 이후에도 계속 가지고 있던 사람들은 훨씬 더 괜찮았던 거죠.

김판수 규제가 풀렸던 초기 외국인들은 몇 채를 살 수 있었나요?

백운태 초창기에는 제한이 없었어요. 그러다 좀 과열되기 시작하면 조금 규제했다가, 또 식으면 다시 규제를 풀었죠. 그때 원저우 사람들하고 홍콩 사람들이 상하이 부동산 투자를 많이 했어요.

김판수 한국인들도 많이 사지 않았나요?

백운태 많이 샀죠. 그런데 2008년 이후 많이 팔아버렸어요. 그때 환율이 좋았을 때 엄청 많이 팔고 나가버렸어요. 그런데 그 이후 적어도 세 배는 더 올랐을 거예요. 한국 사람들이 너무 성질이 급했죠. 장기적인 추세를 보고 결정했어야 했는데…

상하이 한인사회 전망

김판수 2008~2009년 상황 때문에 한국인들이 집단으로 거주하고 또 아파트를 소유했던 상하이의 홍췐루나 구베이 주인이 중국인, 대만인, 중국동포들로 바뀌었다고 들었습니다. 그 이후부터 아파트 렌트비도 상당히 올랐고요. 이런 조건에서 볼 때, 장기적으로 한인사회와 공동체는 어떻게 변화될까요?

백운태 장기적으로 한인사회는 점점 더 중국인 커뮤니티 내부로 파고 들어갈 겁니다. 이제는 한인 커뮤니티가 중국 커뮤니티와 구분이 잘 안되고, 또 분산도 많이 진행되었어요.

김판수 앞으로는 지금보다 더 쪼개져서 아예 중국 커뮤니티 내부로 흡수될 수도 있다는 말씀이신가요?

백운태 한인촌 식당을 보세요. 지금은 한국식당도 중국의 2선도시나 3선도시로 밀고 들어가잖아요. 실제로 여기 상하이의 한국식당들이 조금씩 작은 도시로 옮겨가고 있어요. 중국 작은 도시의 이점이 많아요. 그 곳 사람들은 그 동안 한국 음식을 접할 기회가 많지 않았잖아요. 아직 한국식당이 깨끗하다는 인식도 있고, 한류도 작용하고. 그리고 그 곳 사람들도 한국 한두 번 다녀 온 사람도 있으니까요. 그러니 한국식당이 조금씩 중국의 작은 도시로 침투하는 거죠. 인건비와 임대료도 저렴한 반면 음식 판매 가격은 큰 차이 없이 유지할 수 있으니까요. 실제로 상하이를 떠나 2선도시나 3선도시에 가서 성공했다는 소리도 들려오고 있어요. 과거에는 한국인들이 중국의 지방 소도시 가서 생활하는 것을 두려워했는데, 이제는 그런 소문을 듣고 조금씩 자신감도 생기기 시작한 것 같아요. 그러니 그런 소문이 더 빨리 퍼져 나가고 있죠. 호수에 돌 던지면 동심원이 퍼져나가듯이. 한인촌도 그렇잖아요. 초장기에는 정보도 제한적이고 중국 생활에 대한 불안감이 있었으니까 모여 살 수밖에 없었지만, 이제 그럴 필요 없잖아요. 그 동안 상하이에 한국식당 등이 모여 있다 보니까, 중국인들도 모두 여기로 모여들었잖아요. 그런데 그렇게 장사가 좀 되는 것 같으니까, 건물주들이 임대료를 엄청 많이 올렸어요. 이제는 상하이에서 한국식당이 살아남기 힘든 구조가 되었어요.

김판수 상하이에 모여 있던 한국인들이 흩어지게 되면, 여기 남은 사람들의 영향력도 하락할 수 있지 않을까요?

백운태 대신 상하이에는 정보가 모이고 있잖아요. 앞으로는 빅데이터 시대죠. 그 중심이 상하이거든요. 중국의 모든 정보가 여기로 모여들고 있어요. 도시 공간적으로 상위 개념이라기보다도 이제는 정보 거점의 성격이겠죠. 커뮤니티 인구도 적당한 선에 머물 때는 그 힘이 발휘되겠지만, 지금처럼 여기 사람이 너무 많아진 경우 커뮤니티로서의 효과는 낮아지는 것 같아요.

한중 관계 변화에 따른 위기감 확산

김판수 최근(2016년 12월) 사드 문제는 사장님 사업에 어떤 영향을 미쳤나요?

백운태 지금까지는 전혀 영향이 없어요. 사드 영향을 전혀 못 느끼고 있어요. 수입하는 사람들 중 일부, 특히 식품 통관 쪽에는 어려움을 겪는 것 같더군요. 그 사람들은 통관하는데 오래 걸리면 치명적이니까요. 저는 개인적으로 작년보다 많이 늘었어요. 오히려 작년 대비 50% 정도 늘어났어요. 개인적으로 올해는 축복받은 해였죠. 그런데 우리나라 측면에서 보면 참 안타깝고 그렇죠.

김판수 장기적으로는 영향이 있지 않을까요?

백운태 두고 봐야겠죠. 아직까지는 없더라고요. 공산품 쪽에 대한 제제는 만약 하더라도 나중에 하겠죠. 사실 저도 여기서 사드 이야기 잘 안 합니다. 한국 언론이 너무 호들갑을 떠는 것 같아요. 춘치자명(春雉自鳴)이란 말이 있잖아요. 봄에 꿩이 스스로 울어서 자기 약점을 드러낸다고.

김판수 사드 이후로 중국이 점차 규제 폭을 키우고 있긴한데, 사장님 스스로 어떤 대응을 염두에 두고 계시는지요?

백운태 이 상황을 보면서 저는 한국인으로 중국에서 살아가는 것을 다시 생각해보고 있죠. 물론 여기는 시장이 크고 또 저는 잘 정착한 편이니 사업 자체를 없애고 돌아갈 수는 없어요. 만약 제가 타국 등으로 이동할 경우에는 여기 사업을 멀리서 컨트롤할 수 있도록 하겠죠. 그렇게 되면 여기 일은 중국인 직원들이 알아서 잘 처리하겠죠. 어쨌든 여기 상하이의 한국인 생활은 앞으로 갈수록 더 많이 힘들어질 것 같아요.

김판수 중국에 대해 실망을 했다고 볼 수 있나요?

백운태 실망보다도 위기감이라고 봐야할 것 같아요. 중국에서 한국인으로 사는 게 옛날만큼 호락호락하지 않다.

최근 한국과 중국과의 관계를 보면 과거처럼 우리가 대우 받으면서 살 수 있는 시기는 종료된 것 같아요.

수원(익명) 자동차 부품산업 종사

수원 대표 인터뷰는 2016년 1월(2회), 3월(3회), 2016년 7월, 2017년 1월, 2018년 1월 등 총 8회 약 17시간에 걸쳐 진행되었다.

그는 1999년 종합상사 ㈜대우 주재원으로 상하이에 진출한 이후부터 2018년 현재에 이르기까지 약 20년 동안 상하이에서 활동하고 있다. 그는 2001년부터 2004년까지 상하이 현지의 합작법인 법인장을 역임했으며, 2005년부터는 개인 사업을 시작했다.

1999년 그가 상하이 주재원으로 나왔을 당시 ㈜대우는 상하이 주재원에게 지급하던 '오지 수당'을 중단했다. 당시 대우그룹이 겪은 경제적 위기 때문일 수도 있지만, 1999년 10월 1일(중국 건국 50주년) 상하이 푸동 국제공항이 문을 열었음을 고려하면 21세기 중국은 20세기 중국과 전혀 다른 모습으로 세계 무대에 등장하고 있었음을 의미한다. 즉 그는 '뭘 해도 되는 시기'에 글로벌 도시로 부상하던 상하이에 한국 대기업 주재원으로 부임했다. 이러한 타이밍, 환경, 조건 등은 그의 상하이 20년을 풍요롭게 하는 데에 일조했을 것이다.

그는 1999년 상하이 주재원 부임 이전부터 중국어를 전혀 못하면서도 중국 각지의 현지 업체들을 찾아가 외상값을 받기 위해 몇 개월 동안 중국인들과 함께 생활하기도 했다. 사실 1990년대 초 중국어를 못하는 한국 대기업 직원이 외상값이 밀려 있던 중국 지방의 현지 업체를 찾아가 몇 개월 동안 그들과 친구처럼 하루하루를 보냈다는 것은 쉬운 일이 아니다. 그때 그가 몸으로 배운 '중국식 비즈니스 감각'은 20년 상하이 사업 활동에 있어서 가장 중요한 자산이 되었을 것이다.

중국 진출 계기와 상하이 인상

김판수 중국에는 언제 오셨는지요?

수원 저는 1991년도에 ㈜대우에 입사했어요. 그리고 1999년도에 대우 주재원으로 상하이 지사에 왔죠. 5년 동안 상하이에서 주재원 및 합자회사 총경리 생활을 하고, 2003년도에 본사 발령을 받았을 때 귀국하지 않고 퇴사 후 여기 남았죠.

김판수 1999년이 최초의 중국 방문이었는지요?

수원 저는 1994년도에 처음 대만으로 출장을 갔어요. 그리고 1994년도 말부터 상하이를 비롯하여 중국의 여러 지역으로 출장을 다녔죠.

김판수 처음 상하이 왔을 때 어떤 느낌이었는지 듣고 싶습니다.

수원 1994년에는 푸동 공항이 없었어요. 그래서 여기 근처에 있는 홍차오 공항으로 들어왔어요. 그때 홍차오 공항에서 홍췐루 한인촌까지 오는 길에는 정말 아무 것도 없었어요. 보이는 것은 모두 논밭이었죠. 푸동에서는 동방명주를 짓고 있을 때였어요. 당시의 상하이를 떠올려보면 그저 암울했다는 느낌이 많이 들어요. 우리나라의 70년대와 유사한 느낌도 있었고요. 상하이 공기질도 좋지는 않았죠. 그리고 제가 대우 주재원이었으니까, 상하이의 중국 친구들은 우리한테 투자해달라며 엄청 쫓아다니던 시기였죠.

김판수 실제로 상하이에 도착해서 경관을 보기 이전에는 상하이를 어떻게 생각했었나요?

수원 그래도 많이 개방되었을 것이라고 생각했죠. 중국 최고의 도시라는 선입견도 갖고 있었고요.

김판수 주재원 시절 초기 상하이에서 마주친 중국인들에 대한 인상을 듣고 싶습니다.

수원 1999년도에 주재원으로 왔잖아요. 그때쯤 되니까 상하이시 정부 관료들은 일반 한국인은 물론 대기업 주재원들에 대해서도 조금 낮게 보았던 것 같아요. 그래도 일반 중국인들은 일반 한국인, 특히 한국 대기업 주재원에 대해서는 조금 높이 봐주는 측면이 남아있었죠. 그런데 그 위상은 시간이 흐를수록 낮아졌죠.

중국 내 대우그룹의 영향력과 진출 전략

김판수 1999년에 주재원으로 나오게 된 과정을 듣고 싶습니다.

수원 회사에서 가라고 했으니까 왔죠(웃음). 저는 원래 중국이 아니라 중동 배치가 예정되어 있었습니다. 당시 현대, 대우, 삼성 대기업 직원들이 가장 선호하는 곳은 역시 미국이었죠. 그 다음 선호하는 곳은 일본, 유럽 등이었고요. 그리고 당시에는 대우 지사가 전세계에 약 50~60개 정도 있었어요. 그 중 가장 기피한 지역은 아프리카의 카이로 지사나 수단 지사였고요. 그런데 중국도 우리가 기피하던 지역 중 한 곳으로 인식되었어요. 제가 예전부터 중국 지역으로 출장을 다녔잖아요. 한 번은 제가 매출채권 회수를 위해 중국 시안에 장기 출장 가서 두 달 가까이 살았던 적이 있어요. 그때 제 상사 분이 지나가면서 '야, 너 말도 못한다는 애가 잘 사네?' 하면서 상하이로 발령 냈죠. 뭐 지금 결과적으로 볼 때 그 분은 저한테 은인입니다. 어쨌든 제가 1999년도에 상하이에 왔을 때는 오지수당도 지급했어요. 힘든 곳에 부임한다고. 한 달에 몇 십만 원씩 더 받았어요. 그런데 제가 딱 부임하고 나니까 오지수당이 없어지더라고요.

김판수 중국어를 전혀 못했는데도 시안에서 두 달 동안 살면서 매출채권을 받으려 했다고요?

수원 예. 뭐 그때는 중국인들하고 똑같이 살았죠. 매일 하는 일 없이 중국측 사무실 찾아가서 '돈 줘'하면서 추궁하고, 그러다가 그들하고 같이 점심 먹고, 또 밥을 먹고 와서는 거기서 대충 자고. 매일 그 일을 반복했어요.

김판수 1999년에 대표님이 중국에 발령났을 때 가족 분들은 어떤 반응을 보였나요?

수원 집사람은 힘들어했죠. 그토록 원했던 미주 지역이나 유럽 국가가 아니었으니까요. 당시 집사람이 상하이 딱 도착했을 때, 바로 오늘처럼 우중충한 날씨가 한 달 동안이나 지속됐어요. 도무지 해를 볼 수 없더라고요. 그래서 집사람은 진짜 힘들어했죠. 날씨 때문에...

김판수 그래도 주재원으로 상하이에 나왔으니, 대표님 스스로는 조금 다르게 받아들였을 것 같습니다.

수원 아 그럼요. 그때는 제가 대우 주재원이었잖아요. 당시 대우는 중국에서 상당한 영향력을 행사한 기업이었어요. 우리가 원해서 상하이의 누군가를 만나고자 하면 거의 모든 사람을 만날 수 있었죠.

김판수 1999년이면 한국이 IMF 상황을 겪고 있었고, 특히 대우는 부도 상황 때문에 힘들 때여서 위상이 많이 꺾이지 않았나요?

수원　그래도 상하이에서 대우의 위상은 여전히 높았어요. 예를 들어, 그때 여기 상하이 한국 영사관 총영사님이 새로 부임을 하셔도 상하이 시장을 만나기는 쉽지 않았어요. 상하이 부시장이 만나 주는 정도였죠. 그래서 그때 대우가 주선해서 만남이 성사되었을 정도였어요.

김판수　상하이에서 대우의 영향력이 언제쯤 사라지기 시작했나요?

수원　대충 2001년 정도였던 것 같아요. 1999년도 7월 대우가 완전 분해되어도 한 1~2년은 지속되었던 것 같아요. 사실 대우는 한중수교 이전부터 중국 진출에 많은 공을 들였거든요. 특히 상하이는 경제 중심지니까 더 많이 신경을 썼던 곳이에요. 그때는 장쩌민 주석 시절이잖아요. 그러니 대우가 상하이에 투자를 더 많이 했죠. 그래서 당시에는 대우가 상하이에 92층 빌딩 지으려고 토지까지도 구매한 상태였어요.

김판수　1999년 상하이에 부임해서 초기 생활할 때 기억에 남았던 에피소드를 소개해주십시오.

수원　제가 그때는 중국어를 못했으니까 휴일에는 거의 집에 있게 되잖아요. 그러다 하루는 너무 갑갑해서 아내하고 애들 둘 데리고 밖에 나갔어요. 사택 근처를 걷다 보니까 중국인이 좌판을 놓고 과일을 팔고 있는 것을 보고 거기에 갔었죠. 그런데 제가 중국말을 못 하고 그러니까, 그 과일을 파는 사람이 제 상태를 간파한 거예요. 그때 제가 사과 6~7개를 당시 돈으로 백삼십 위안을 주고 샀어요.

김판수　정말 너무 비싸게 사셨는데요?

수원   네. 제가 그때 그거를 사는데, 제 주위로 중국인들이 벌떼처럼 모여들더라고요. 한 20~30명 정도요. 그 상황에서 저는 얼마나 창피하던지. 그냥 달라는 대로 줬어요. 백삼십 위안. 다음 날 출근해서 겪은 일을 이야기 했더니, 동료 주재원들이 아주 뒤집어졌어요. 그 좌판에 있는 모든 과일을 사더라도 백삼십 위안이 안 된다는 거였죠. 그때 가슴이 아팠어요, 굉장히. 집사람도 가끔 그 얘기를 해요. 그래서 제 상사 분께서 저한테 무조건 어학을 배우라고 내몰았죠. 그때 제가 3개월 동안 상하이 자오통대학(交通大学) 가서 매일 오전 8시 반부터 12시까지 어학을 배우고, 오후에 회사로 출근했어요.

김판수   여기 상하이에서 인터뷰하러 돌아다니다보면 우연인지 몰라도 대우 출신 분들을 많이 만나게 되더라고요. IMF 이후 대우 그룹 해체로 국가적 손실이 컸던 반면, 여기 남은 대우 출신 분들의 삶은 반대로 풍요로워졌다는 인상을 받았습니다. 당시 대우가 세계 경영을 외치면서 다른 기업들에 비해 사람에게 좀 더 많은 자원들을 투자했던 영향도 있는 것 같아요.

수원   그렇죠. 제가 전에 삼성 출신 사장님과 사석에서 식사한 적이 있는데, 그런 이야기를 하시더라고요. 삼성은 너무 철저하게 매뉴얼화 되어있기 때문에 회사를 그만두면 지하철하고 버스를 못 타는 사람들이 많다는 거예요. 출퇴근까지도 회사에서 신경써줬으니까. 그에 비해 대우는 ㈜대우로 시작했잖아요. 종합상사로 시작했으니까 항상 남의 것을 찾아서 계약하고 팔아야하는 기업 문화가 강하게 깔려 있었어요. 그러니까 거의 맨땅에 헤딩하는게 일이었죠. 그러니 개인적인 자생력은 확실히 다른 기업보다 우위에 있었던 거 같아요.

상하이에서의 인간관계와 개인사업

김판수 1999년 이후 상하이에서의 삶을 돌아보면, 개인적으로는 어떻게 평가를 하시는지요?

수원 중국은 급격히 경제성장하는 가운데 2002년 이후부터는 확실히 세계 무대를 향해서 치고 나가기 시작했던 것 같아요. 그한 가운데 제가 상하이에 있었죠. 그래서 여기 상하이는 뭘 해도 되는 곳이었어요. 그게 한 10년은 지속된 것 같아요. 물론 저는 특히 운이 더 좋았던 것 같아요. 제가 선택한 자동차 부문이 중국에서 가장 잘 나가고 있었으니까요.

김판수 자동차 부문에서의 경력은 언제부터 쌓기 시작했나요?

수원 원래 저는 한국 본사에 있을 때 기계 부문을 맡고 있었어요. 그런데 상하이에 와서 기계하고 자동차 두 부문을 맡게 되었죠. 주재원으로 상하이에 왔을 때는 실적이 곧 인격이었어요. 그런데 기계하고 자동차는 철강과 화학처럼 결과가 바로바로 나오는 부문이 아니에요. 기계, 플랜트, 자동차 등은 최소 2~3년 숙성 후에 수익이 나온다고 볼 수 있죠. 제가 1999년 상하이에 부임했을 때만 하더라도 여기 실적은 거의 제로에 가까웠어요. 그런데 당시 상하이 대우지사 전체 목표 실적은 2억 달러였거든요. 철강 5천만 달러, 화학은 4천만 달러, 전자가 2천만 달러, 이렇게 쭉 나가다가 기계 - 자동차는 5백만 달러가 목표액이었어요. 당시 중국에서는 자동차 붐이 막 시작되기 직전이었거든요. 그러니까 전임자가 맡았던 시기에는 할 일이 거의 없었던 시기였다고 볼 수 있죠. 저는 부임 후에 정확히 자동차 부품을 맡게 되었고요. 자동차 부품을 팔려면 도로에 차가 굴러다녀야 하잖아요. 그런데 당시만 하더라도 상하이 시내에 자동차가 별로 안 다녔어요. 그러다가 거의 2002년부터 자동차 부품 업종이 올라가기 시작했어요.

김판수 그때 대우에서 맡았던 부문이 현재 개인사업의 중추가 된거죠?

수원 그렇죠. 그리고 제가 당시 대우중장비 법인장 생활을 5년 했어요. 그때 쌓았던 인맥과 노하우 등도 개인사업 성공에 매우 중요한 바탕이 되었죠. 꽌시는 자기를 비추고 있는 거울이라고 볼 수 있어요. 법인장 하던 시기의 중국 파트너는 제가 대우를 떠난 이후에도 저를 계속 바라보면서 끊임없이 도와주려고 했죠. 그때 인연으로 제가 현지 기업에 납품하기 시작했습니다. 중국에서 사업할 때는 처음 스타트를 어떻게 시작하느냐, 그리고 그 스타트를 누구와 함께 하느냐가 중요한데, 저는 정말 운이 좋게도 그런 분들과 좋은 관계를 맺으면서 시작할 수 있었어요.

김판수 과거 중국 파트너가 왜 그렇게 대표님을 도왔다고 생각하시는지요?

수원 제가 대우에 있을 때 법인장 지위에 있으면서도 중국 파트너들과 인간적인 관계를 유지했기 때문이었죠. 그러니까 그 관계가 이어져서 나중에는 제가 좋은 시작을 할 수 있게 되었죠. 2003년에 제가 대우를 그만 두니까 중국인 합작 파트너 분이 '네가 한국 가면 뭐 할 게 있겠냐, 중국말도 되니까 여기서 한 번 해봐라'라며 도움을 많이 주셨죠. 저는 사무실도 구할 필요가 없었어요. 그 분이 사무실을 무료로 비워주셨어요. 그 사무실을 4~5년 동안 공짜로 썼어요. 직원은 물론 자금 지원도 받았고요. 저는 그렇게 시작을 했어요.

김판수 중국인이고 또 상당히 역량 있는 분인 것 같은데, 대우 법인장도 아니고 실직한 대표님을 왜 그 정도로 세심하게 도와줬을까요? 어떤 계기가 있었을 것 같습니다.

수원 1999년 상하이에 부임하고 제가 첫 출근할 때 회사 분위기가 정말 안 좋았어요. 사무실 도착 후 회의실 문을 열었더니, 눈앞에서 서류들이 날아다녔어요. 합자회사의 중국 측 동사장[5]님과 대우 측의 제 상사 분이 다투고 있었던 거죠. 사실 당시 대우가 중국 파트너에게 못할 짓 많이 했어요. 그때 대우는 중국 현지에서 굴삭기를 판매하기 위해 합자회사를 만들었어요. 그 합자회사의 중국 측 동사장은 30%, 대우는 70% 지분을 가졌죠. 사실 합자회사의 주요 목적은 굴삭기 판매보다는 이미 중국 업체들에게 어마어마한 양으로 공급되어 있었던 굴삭기들에 대한 외상값 받아내기였어요. 그렇게 합자회사를 설립했는데 이후 부임했던 대우 측 총경리들은 거의 매일 중국인 동사장하고 싸웠어요. 대우 측 총경리들이 합자회사가 아닌 대우이익만 고려해서 회사를 운영했으니 어쩌면 당연한 결과였죠. 즉 중국 파트너 측이 노력해서 외상값을 받아내면, 대우 측 총경리는 보고나 협의도 없이 한국 대우 본사로 돈을 송금했어요. 그러니까 중국 파트너 측은 화가 나는 거죠. 열심히 외상값을 받아내도 대우 측은 재투자를 통한 회사 성장에는 관심 없고 오로지 한국 본사에 돈 보내는 것에만 혈안이 되어 있었으니까요. 결국 중국 파트너 측은 수취한 외상값을 대우 측에 지급하지 않고 꽁꽁 묶어두었어요. 그러니 자연스럽게 상황은 더욱 험악해졌죠. 저는 바로 그 시기에 부임했습니다. 그때 상

---

5) 동사장(董事長)은 한국식 직함으로는 대표이사에 해당한다. 총경리(總經理)는 CEO에 해당한다.

황이 얼마나 심각했냐면, 예를 들어 우리가 중국 파트너 측에 공문을 보내잖아요? 외상값 받은 돈을 빨리 보내달라고 독촉하는 공문. 공문은 대개 "평소 귀사의 협조와 지지에 감사합니다"라는 투로 시작하잖아요. 그렇게 공문을 보냈는데, 중국 측으로부터 회신이 어떻게 왔냐면, "평소의 지지와 협조? 당신네들 나 그렇게 욕했는데 왜 문서에는 이렇게 쓰고, 정작 만나서는 욕하고 그러는데?"라고 왔어요. 딱 공문 형식으로.

김판수 그런 상황이었다면 대표님도 당시에는 다른 전임자들처럼 그 중국 동사장과 반목하는 게 일반적인 과정이지 않나요?

수원 사실 저는 그 동사장님을 한국 본사에 근무할 때부터 여러 번 뵌 적이 있었어요. 그 분이 한국에 직접 와서 대우 굴삭기 계약을 체결하고는 했으니까. 그 분 안지 벌써 25년 정도 되었죠. 아무튼 그 상황을 겪은 후 얼마 되지 않아서 저는 그 합자회사를 정리하기 위한 총경리로 임명되었어요. 대우 상하이 지사 주재원 겸 합자회사 총경리로 파견된 거죠. 그때 저는 그 분께 솔직히 이야기했어요. '대우는 이미 변호사를 선임한 상태다. 그리고 나는 당신으로부터 돈을 받아내고 또 회사를 정리하기 위해 총경리로 임명되었다' 라고요. 제가 솔직하게 이야기를 하고 의향을 타진하니까, 그 분도 저한테 인간적으로 솔직하게 말씀을 하시더라고요. 그래서 서로 한동안 터놓고 많은 이야기를 나눴어요. 물론 저는 대우 측 총경리 신분이니까 당연히 소송 준비를 위한 만반의 준비를 진행했죠. 그 것도 솔직하게 이야기 했어요. 우리는 소송할 수밖에 없는 상황이라고. 그래도 저는 그 분께 '합자회사가 정리되기 전까지는 제가 CEO로서 회사 경영 책임을 갖고 있다. 그러니까 그때까지는 공동의 이익을 위해 열심히 경영하겠다' 라고 이야기했죠. 그리고 나서 저는 상하이 지사의 무역 업무를 합자회사에 포함시켰어요. 그리고 정말 열심히 일했어요. 발로 뛰어다니면서... 우리 대우의 특정 제품들을 소개하며 판매도 했어요. 그러니까 그 분도 점차 마음을 열더군요. '합자회사 총경리로 온 대우 사람이 합자회사를 위해 일하는 것을 처음 봤다' 라고요. 그래서 나중에는 그 분이 합작을 깨지 말고 계속 회사를 유지하자면서, 그 동안 받아 둔 외상값을 한 번에 전부 송금하더군요. 상당한 거액이었는데도 불구하고, 모두 한 번에 들어왔어요. 그래서 합자회사가 유지될 때 그 분이 저를 많이 도와주셨고, 또 그 인연으로 제가 대우를 그만 두니까 한국 가지 말고 자기 사무실에서 사업 준비하라며 좋은 분들도 많이 소개해주셨죠.

김판수 개인사업 시작할 때 자동차 부품 중에서도 볼트와 너트로 시작하셨잖아요. 그 아이템은 대표님의 아이디어였나요?

수원 우연히 하게 되었어요. 그때 제가 모 중국기업 고문으로 활동하고 있었는데, 현지에서 차량은 2달 뒤에 생산되어 나오기로 했는데, 당장 부품들을 조립할 수 있게 하는 볼트와 너트를 어디서 공급받아야할지 모를 때였거든요. 그래서 저한테 요청이 왔어요. '빨리 업체 수배해서 샘플을 공급해달라'고 하더군요. 그때 볼트와 너트를 샘플로 받아야 하는 양이 약 200kg 정도에 이르렀어요. 항공 DHL 운임비만 한국 돈으로 4천만 원이 들었어요. 그 이후에 볼트와 너트를 공급하는 게 제 사업 아이템이 되었죠. 초기에는 그 부문에 전력질주 했어요. 정말 잘 풀렸죠. 나중에는 한 해 볼트와 너트 매출액만 천만 달러 찍은 적도 있으니까요. 운이 좋았어요.

김판수 단순한 '운'으로 볼 수는 없을 것 같아요.

수원   그렇긴 하죠. 왜냐하면 제가 부임하기 전까지 중국 내에서 대
       우 그룹의 위상은 매우 높았어요. 제 전임자들, 특히 합자회사
       법인장들도 대우 그룹의 위상에 맞게 행동을 했다고 볼 수 있
       어요. 대우 주재원 또는 파견된 법인장으로서 현지 합작회사
       파트너들을 상당히 내려다 본 측면이 있었죠. 다만, 저는 어쨌
       든 합자회사의 새로운 경영자 입장에서 파트너 측과 인간적인
       관계를 맺는 것이 회사에는 더 큰 이익이라고 봤던 거죠. 그리
       고 합자회사를 살려보려고 나름 그 분과 같은 마음으로 고생을
       하면서 좀 더 끈끈해졌죠.

'뭘 해도 돈을 벌 수 있었던 곳', 그때 그 시절 상하이

김판수   IMF 이후 주재원으로 나오셨는데 이전의 주재원 분들과 조금
       다른 환경에서 활동하셨을 것 같습니다.

수원   대우 그룹이 서서히 분해되는 것을 내부에서 지켜보는 것이 제
       일 힘들었어요. 정말 가슴 아픈 일이었어요. 그룹이 분해되면
       서 제가 속했던 ㈜대우는 그래도 끝까지 살아남아서 포스코로
       넘어갔죠. 하지만 우리 그룹 계열사들이 워낙 덩치가 컸던 회
       사들이었기 때문에 개별 매각 작업들도 몇 년 이상 진행되었잖
       아요. 저는 그 한가운데 서 있었던 거예요. 그게 저의 상하이
       주재원 생활 중 가장 힘든 일이었어요.

김판수   ㈜대우를 나와서 독립하게 된 이유는 당시 그러한 회사 상황과
       연관이 있었을 것 같습니다.

수원   그런 점도 있고, 그렇지 않은 점도 있어요. 만약 한국 본사가
       계열 분리 되지 않고 또 망해가지 않았으면, 아마도 계속 직장

생활을 했겠죠. 그런데 그때 저는 회사의 비전이 보이지 않았고, 또 한국 본사로 발령이 나니까 애들 학업 문제도 마음에 걸렸죠. 그런 상황이었는데 그때가 2000년대 초 상하이였잖아요. 상하이 한 가운데에서 관찰할 때 중국은 100M 선상에서 앞으로 막 치고 나가려고 하는 상황이었죠. 그게 느껴졌어요.

김판수 당시 대표님 이외에 많은 주재원들이 귀임을 했을 것 같은데, 남는 사람과 돌아가는 사람 간의 비율이 어느 정도였는지요?

수원 제가 주재원 생활을 하던 때만 하더라도 7:3 또는 8:2로 들어가는 사람이 더 많았어요. 하지만 제가 회사를 그만두었을 즈음 그 비율이 점차 변화되기 시작한 것 같아요. 특히 제가 그만두고 난 후로는 그 비율이 빠르게 바뀌기 시작했어요. 그러다 나중에는 거의 다 안 들어갔어요. 그땐 이미 중국이 확실히 가파르게 성장하고 있는 시절이었고, 많은 사람들 눈에도 쉽게 보이던 시절이었거든요. 그때 여기 있는 한국인들 모두가 알고 있었어요. 이 상하이가 되는 동네라는 걸.

김판수 한국 사람들 눈에 가장 쉽게 보였던 기회는 무엇이었나요?

수원 당연히 부동산이었죠. 예를 들어, 2004년 경 상하이 아파트 분양가는 오전과 오후 가격이 달랐을 정도였어요. 그 정도로 상하이 경제가 급속하게 치고 올라가던 때였죠. 2002년 후반 상하이 시정부가 부동산을 부밍업 시키기 위해 외국인들의 구매 제한을 풀어버렸어요. 그 전에는 외국인이 거주할 수 있는 곳과 할 수 없는 곳이 구분되어 있었고, 또 외국인 개인의 부동산 취득 자체가 불법이었죠. 그런데 규제를 딱 풀었어요. 그런데도 초기에는 생각보다 집값이 안 올랐죠. 그러니까 상하이 시정부는 외국인들이 부동산을 구매하면 소득세를 환급해주는 정책을 폈어요. 그때부터 부동산이 미친 듯이 올라갔어요. 나중에는 심지어 부동산을 판매하는 측이 완전 갑이 되어 있었어요. 예를 들어, 오전에 갔을 때 아파트 값이 100원 이었다면 오후에는 130원으로 팔았죠. 분양 물량도 파는 사람들이 딱 원하는 만큼만 팔았어요. 그래서 꽌시가 좋은 사람들이 좀 더 쉽게 분양 받는 상황이었어요. 그리고 은행 대출 액수도 90%까지도 가능했었죠. 한국인들은 더 쉽게 아파트를 구매할 수 있었어요. 예를 들어, 어떤 사람은 한국에 두고 온 집을 팔아서 한국 내 은행에다 장기적금 같은 걸로 넣어 두고, 그걸 담보로 여기 중국 현지 은행에서 인민폐로 대출 받아 상하이 집을 샀어요. 그리고 당시 원화 절상도 되고 있었으니까 환차익도 얻었죠. 그러니 2000년대 초반 상하이는 뭘 해도 돈을 벌 수 있던 곳이었어요. 그래도 상하이의 한국인 일부는 '중국은 공산주의 국가인데 어떻게 부동산을 살 수 있느냐. 위험한 나라인데' 하면서 결국 못 샀어요.

김판수 그래도 일반적으로 당시 상하이에 있었던 많은 한국인들이 부동산을 소유했겠네요.

수원 네. 그때 한국인들 돈 많이 벌었죠. 당시 대다수 주재원들이 그랬어요. 그때 상하이 아파트 임대료가 너무 비쌌잖아요. 그래서 부동산을 구매하고 대출금 이자는 회사가 지급하는 주거보조금으로 충당하고도 남았죠.

중국 현지 사업 리스크 최소화

김판수 아무리 주변에서 많이 도와주셨다고는 하지만, 그래도 처음 개인사업에 뛰어들었기 때문에 어느 정도 시행착오를 겪었을 것 같아요.

수원   사실 볼트·너트 납품이 쉬워 보여도 내막을 보면 그렇지도 않아요. 예를 들어, 엔진이나 미션 등 중요 부품의 하자도 중요한 사항이지만, 정작 그것을 장착하는데 필수 부품인 볼트·너트가 조금만 맞지 않아도 심각한 문제가 발생할 수 있어요. 그런데 그 문제는 볼트·너트 상태뿐만 아니라 그것을 조립하는 사람의 숙련 정도에 따라서도 발생할 수 있어요. 이런 일도 있었어요. 숙련 노동자들은 문제없이 잘 장착을 하는데, 신참들은 계속 문제가 있다고 불평을 하는 거죠. 결국 해당 중국 업체에서 연락이 왔어요. 제가 공급한 볼트·너트가 불량이라고. 그때 엄청 골치 아팠어요. 한국에서 똑같은 모델에 적용했는데 아무런 문제가 없었거든요. 그래서 제가 조사하면서 자세히 확인해보았죠. 문제는 부품에 있지 않고 새로 온 신참 노동자들이라서 작업방식을 제대로 숙지 못했기 때문에 발생한 거였어요. 더구나 3교대로 일을 하고 있었으니까, 야간 근무자들은 졸릴 때 대충대충하다 보니 문제가 더 많이 발생했죠. 이런 종류의 일들이 매년 2~3차례 발생했어요.

김판수   흥미롭군요. 그런데 대표님 스스로 중국 현지에서 공장을 운영하지도 않는데도 불구하고, 장기간에 걸쳐 중국 공장에 부품을 공급하고 있는 게 더 흥미롭군요. 그게 쉬운 일이 아니잖아요. 1년에 볼트·너트만 1천만 달러 매출액이라면 구멍가게에 납품하는 수준이 아니잖아요.

수원   그렇죠. 그러니까 항상 고민을 해야죠. 제가 중국에서 개인사업 하면서 깨달은 것은 절대 저 혼자 많이 먹겠다고 하면 안 된다는 겁니다. 항상 파트너 측하고 이윤 쉐어를 고려해야한다는 거죠. 심지어 저 보다는 중국 파트너 측이 '당연히' 좀 더 많이 가져가도록 해야 한다는 겁니다. 그러면 오히려 얻는 것이 더 많아요. 왜냐하면 외국인이 중국에서 사업을 하게 되면 항상 수많은 장애들에 부딪힐 수밖에 없어요. 심지어 전혀 상상하지 못했던 문제들도 떠안을 수 있거든요. 그런데 제가 처음부터 적게 먹는 대신 상대편이 더 많이 가져가도록 하면, 여기 현지에서 발생하는 문제들을 제가 처리할 필요가 없어지게 됩니다. 사실 제가 처리할 수 있는 능력도 없지만... 결국 그 문제들은 제 파트너 측이 다 해결하게 되어 있거든요. 다른 사람이 아니라 나하고 거래를 계속해야만 자신들이 더 많이 이익을 가져갈 수 있으니까요.

김판수 조금 덜 이익을 취하는 대신 현지에서의 사업 리스크를 최소화하셨군요.

수원 네. 저는 그저 중국 파트너들에게 '우리가 같은 배에 타고 있다'는 것을 항상 인식시켰어요. 그리고 그런 조건으로 장기간 관계를 맺으니까, 나중에는 제가 중국 현지 업체를 대상으로 영업해야 하는 비중도 최소화되더군요. 파트너들이 알아서 찾아주는 거죠. 어쩔 때는 1년 치 계약 전부를 따주기도 합니다. 그런 방법으로 10년 이상 중국인 파트너들과 동업하고 있습니다.

김판수 아무리 그래도 10년 이상 중국인 파트너들과 원만하게 동업을 유지하기는 쉽지 않을 것 같아요.

수원 사실입니다. 말처럼 간단한 게 아니에요. 그래서 저는 매일매일 파트너 측 입장에서 생각하려고 노력합니다. 왜냐하면 저는 한국에서 물건을 구매해서 여기 현지 중국 업체에 공급하잖아요. 즉, 저는 중국인이 아니잖아요. 그러니까 저는 중국 측이 반드시 저를 통해 수입할 수밖에 없다는 대의명분을 계속 만들어주어야 하는 거죠. 막말로 볼트·너트 아무것도 아니에요. 여기 중국 현지 업체가 스스로 만들거나 공급자를 바꾸어도 됩니다. 그런데 자동차 1대 만들 때 볼트·너트 원가는 20 달러밖에 안돼요. 자동차 1대 가격의 10,000분의 1이에요. 10,000분의 1 비용 아끼려고 직접 자회사 만들어서 운영하기에는 명분이 약하죠. 더구나 문제라도 생기면 자기네들이 책임져야 하죠. 결국 볼트·너트는 '아무것도 아니니까' 외주를 줄 수 있는 아이템이죠. 물론 그들도 겉으로는 자신들이 할 수 있다고 위협을 하기도 합니다. 그런데 그거는 결국 가격 협상을 원한다는 신호입니다. 그때 저는 그냥 더 깎아 줍니다. 왜냐하면 중국 시장은 워낙 크니까요. 그리고 사실 제가 최초에 택한 전략은 원가를 공개하는 것이었어요. 사실 바이어도 원가를 알고자 노력하면 금방 알 수 있잖아요. 그래서 저는 그냥 가격표를 상대 측에 줬어요. 그게 상대 측이 저를 공급자로 선택하는 데 중요한 명분으로 작용했어요. 자신들이 가격을 결정하는 셈이니까. 어쨌든 중국 자동차 시장은 계속 잘 나가잖아요. 볼트·너트는 아주 작은 아이템이지만, 저에게도 이윤이 돌아와요. 그리고 중국 업체나 파트너들은 제가 가져가는 몫이 너무 적다고 생각하면, '그거 먹고 어떻게 살 수 있냐' 라며 좀 더 배려해 줍니다. 그러다가 관계가 오래되면 다른 품목들도 맡기기도 하죠. 저를 신뢰할 수 있으니까요. 이렇게 오랜 기간 함께 하니까 나중에는 한국과 관련된 업무는 뭐든지 저를 통해서 하려고 하더군요.

김판수 매우 흥미로운 비즈니스 전략이군요.

수원 사실 중국인으로부터 많이 배웠어요. 대우에 있을 때 우리하고 거래하던 중국 측 파트너들이나 관계자들로부터 많이 배운 거죠. 그리고 저는 중국 현지 업체들에 누적되어 있었던 대우 외상값 받으러 다니면서, 그들이 취하는 비즈니스 전략을 진짜 많이 배울 수 있었어요. 한 번 돈 받으러 출장 가면 대개 몇 개월 동안 그 사람들하고 뭉개면서 친해지고 그러다 그들의 비즈니스 방식을 배우게 되었죠.

김판수 그래도 매일매일 중국 측과 보이지 않는 전투를 하고 있겠네요.

수원 그 미세한 틈을 확보하려고 계속 연구하는 거죠. 모든 비즈니스가 약간의 틈새가 있는 것 같아요. 사실 볼트·너트 제가 공급하지 않으면, 자동차 못 나와요. 그거 없으면 조립이 안 되니까요. 사실 그렇기 때문에 그들도 듀얼소싱이라고 항상 복수의 벤더를 갖고 있어요. 그 정도 대기업들은 발주를 할 때 항상 같은 부품을 양측에 동시에 합니다. 한 쪽에서 문제가 발생하면 다른 쪽에 좀 더 주면서 계속 경쟁 시키는 거예요. 그런 상황에서 볼트·너트만 10년 이상 공급하는 거 정말 쉽지 않아요. 나름의 명분을 계속 쌓아가면서 그 자리를 지켜나가고 있는 거죠.

김판수 앞으로도 계속 잘 되리라고 보시나요?

수원 장기적으로 보면 볼트·너트는 끝이 보여요. 변곡점이 오고 있어요. 이제 중국 현지 부품 업체들의 품질도 높아졌거든요. 그래서 저는 다른 소모품으로 길을 조금씩 조금씩 뚫어가고 있어요. 물론 다른 회사 문을 두드리는 것 보다는 제가 그동안 계속

해왔던 그 회사의 빈 곳을 찾기 위해 계속 들여다봅니다. 물론 중국 현지 업체들도 제가 하는 것들을 그 쪽에 넣고 싶어 합니다. 그런 중국 현지 업체들이 수백 개에 이르죠. 그래도 저는 여전히 한국에서 수입해서 공급해요. 계속 명분을 만들어주면서.

김판수 주재원 때는 회사에서 거의 모든 생활비 등을 보조해주었지만, 개인사업을 하면 그 모든 것을 혼자 부담해야만 하는데, 상하이에서의 자녀 교육비를 개인적으로 모두 부담했으니, 그 비용이 결코 적지 않을 것 같습니다.

수원 주재원을 그만뒀으니 교육비 지원이 없었잖아요. 결국 자녀들 교육비는 개인적으로 부담해야 했어요. 더구나 저는 아이들을 모두 상하이 소재 국제학교에 보냈기 때문에, 그 교육비는 무시할 수 없는 정도였죠. 그리고 저 또한 상하이에서 EMBA 과정을 졸업했어요. 사실 EMBA 과정이 제 사업에 큰 도움이 되었어요. EMBA 수강생들은 상하이에서 모두 잘 나가는 사람들이잖아요. 학비만 1억 2천만원 정도니까. 거기서 많은 사람들을 만났죠. 호형호제 하는 사람도 있죠. EMBA 덕분에 상하이 현지에서의 운신 폭이 굉장히 넓어졌어요. 그 친구들을 통해 또 좋은 분들을 소개받죠.

이것도 저것도 아닌 사람, '신조선족'

김판수 신조선족이라는 용어를 종종 쓰시던데 어떤 의미로 이해를 할 수 있을까요?

수원 과거 여기 상하이 한인사회에서는 신조선족 개념이 자학적인 의미에서 많이 사용되긴 했어요. 그런데 여기 상하이만 보더라도 중국동포 중에 성공한 기업가들이 정말 많잖아요. 다방면에서 성공한 중국동포들도 계속 증가하고 있어요. 이미 상하이에서 중국동포가 운영하는 업체 등에서 일하는 한국인들이 많아지고 있고, 앞으로는 더 많아질 것 같아요. 하지만 그들은 중국동포라서 절대 한국 사람이 될 수는 없어요. 물론 한국 사람하고 결혼해서 그 자녀들에게 한국 국적을 취득하도록 할 수 있죠. 반대로 저는 여기 중국에 거의 20년 가까이 있었지만 분명히 중국동포가 아니에요. 저는 한국 사람이죠. 그런데 저는 가끔 여기 상하이에서 제가 하고 있는 행동이나 사고방식 중 일부는 그들과 비슷하다고 여기고 있습니다. 그래서 저는 절반은 농담으로 절반은 현실적 이유에서 저를 신조선족이라고 표현하기도 합니다.

김판수 그렇다면 여기 상하이에서 신조선족의 일반적 의미는 어떻게 규정할 수 있을까요?

수원 일반적으로 볼 때 요즘 신조선족 의미는 한국인인데 중국에 오래 있다 보니 중국 현지 경쟁력은 높지만 한국 돌아가면 경쟁력이 거의 없는 사람들을 의미하는 것 같아요. 그런데 한국에 돌아가기도 애매하지만, 여기 중국 사회에서도 전혀 주류로서 살아갈 수 없는. 이것도 저것도 아닌 사람. 그런 의미에서 자조적으로 쓰이는 용어 같아요.

김판수 신조선족 용어는 상하이 한인사회 내부에서 어느 정도로 쓰이는 용어인가요?

수원 제가 만나는 대부분 사람들은 쓰지 않는 것 같아요. 술 먹거나 할 때 자기비하적으로 가끔 쓰이긴 하더라고요. 일종의 '셀프 디스' 형식으로.

다른 나라, 중국에서 살아가는 법

김판수 어제 대표님 차에 탔을 때 살짝 놀랐습니다. 여기 A 기업에 10년 이상 부품을 공급하고 있는데, 당당하게 B 기업 자동차를 타시니까(웃음).

수원 그게 우리 한국 사람들의 사고방식이에요. 예전에 제가 대우에 있었을 때 현대차가 대우에 못 들어왔어요. 정문에서부터 하차해서 건물까지 걸어가야만 했어요. 대우차도 마찬가지로 현대 가면 못 들어갔죠. 그런데 제가 여기 A 기업 들어갈 때 그들은 제가 뭔 브랜드 차를 타고 다니는지 전혀 관심을 갖지 않아요. 제가 장기간 납품하고 있어도 아무도 신경 안 써요. 내가 원하는 차 타는데... 여기 풍토가 그래요.

김판수 상하이에서 사업하면서 만난 중국인과 한국인이 각각 사회적 관계 맺기 방식에서 어떤 차이가 있는지 소개해주실 수 있는지요?

수원 중국인들은 아무 일 없을 때 서로 밥 먹자고 합니다. 그래서 별일 없어도 자주 밥을 먹어요. 그런데 정작 뭔가 일이 생기면 직접 찾아가서 내가 무슨 문제를 처리해야 한다고 솔직하게 의논을 합니다. 그게 중국 스타일인 것 같아요. 그런데 한국인들은 평소에 연락하지 않다가 일 생기면 밥 먹자고 하는 것 같아요. 그게 한국 스타일이죠. 밥 먹자고 만난 자리에서 일 얘기를 하는 거죠. 그런데 밥은 편하게 먹어야 하잖아요. 그래서 저도 EMBA에서 만난 중국 친구들하고 한 달에 1~2번 아무 일 없어도 그냥 밥 먹어요. 그렇게 친밀해지는 거죠.

김판수 제가 이 곳 상하이에서 나름 성공하신 분들 사무실을 방문하면 공통점이 있더군요. 대부분 사무실이 너무 검소하거나 혹은 너무 없어 보이는 업체처럼 보이더군요. 왜 그렇게 한다고 생각하시나요?

수원　중국 스타일에 젖은 것 같아요. 중국에서 살다보니까. 잘 나가는 티를 내면 표적이 될 수 있는 거죠. 특히 여기 한국 사람들은 더더욱. 그래서 신조선족화 되는 거죠. 스타일이 중국 방식에 닮아가는 거죠. 닮아가다 보니까 또 실제로 한국 스타일에 무뎌져요. 신발, 바지, 가방 등 그냥 옛날 거 아무거나 집어 입고 *끄적끄적* 사무실에 나오는 거예요. 저도 여기 중국인 생활 방식에 동화되고 있어요. 중국인들은 절대 외모로 사람을 판단하지 않잖아요.

김판수　중국에 대한 긍정적인 생각만 들었던 것 같습니다. 그래도 외국이다 보니,외국인으로서 조심스럽게 대응하는 부분들이 있을 것 같습니다.

수원　여기는 중국입니다. 여전히 사회주의 국가를 표방하고 있잖아요. 그렇기 때문에 저도 어느 정도는 대비하고 있어요. 사실 제가 직접 공장을 지었으면 더 큰 이익을 얻을 수 있었겠죠. 그런데 저는 오히려 공장 돌리는 것을 포기했습니다. 미래는 누구도 모르는 거잖아요. 그래서 저는 항상 가능한 한 몸을 가볍게 하려고 합니다.

김판수　그렇죠. 여전히 중국공산당이 집권하고 있지요.

수원　제가 보기에는 중국공산당이 가장 염려하는 문제는 지금 수준 이상으로 빈부격차가 심화되는 겁니다. 그래서 부패와의 전쟁도 장기간에 걸쳐 하고 있다고 생각해요. 만약 이 이상으로 심각한 상황이 된다면, 공산당의 이름으로 부유한 자의 재화를 그렇지 않은 사람들에게 직접 재분배할 수도 있는 가능성도 배제할 수 없을 것 같아요. 물론 한국인들의 상식으로 볼 때는 이해할 수 없는 일이지만, 여기 중국에서 중국공산당의 이름으로는 아예 불가능할 것 같지는 않아요.

김판수 그래도 이 곳에서 거의 20년을 살아왔잖아요. 계속 여기서 살아갈 생각은 있으신 거죠?

수원 그렇긴 하죠. 여기서 죽을 수는 없잖아요. 물론 한국 출장 갈 때마다 뭔가 제가 조금 어색하다는 것을 느껴요. 물과 기름 같은 느낌. 그렇지만 언젠가는 정리하고 돌아가는 게 맞겠죠.

[2018년 1월 인터뷰]

사드 사태 이후 전망

김판수 제가 2017년 1월에 마지막으로 상하이에 방문했었습니다. 1년 전에는 상하이의 많은 한국 분들이 "아, 우리는 괜찮아요" 라고 했거든요. 그런데 제가 귀국한 후 사드 문제가 심화되었고, 정확히 1년 만에 상하이에 와서 여기저기 물어보니까 1년 간 정말 심각했다고 말씀하더군요. 대표님은 최근 1년을 어떻게 평가하시는지요.

수원 작년 이 때부터 나빠지기 시작했죠. 결국 그 1년 동안 서로의 민낯을 확실히 봤다고 생각합니다. 제가 예전에 "이제는 진짜 우리가 중국 사람들을 마사지 해줘야 할 때가 온 것 같다"고

했는데, 사드를 겪은 후 가만히 지켜보니까, 이제는 그런 시기도 지난 것 같아요. 이제는 중국 사람들 눈치를 보면서 살아야 하는 시대인 것 같아요.

김판수 이번에 만났던 많은 분들에 따르면 상하이의 많은 한국인들이 또다시 떠날 준비를 하고 있다고 하더군요.

수원 안타깝죠. 우리가 다시 살아나려면, 중국 친구들이 잘 못하는 분야를 찾아내서 리드할 수 있는 경쟁력이 있어야 하는데, 그게 갈수록 없어지고 있잖아요. 앞으로 더 힘들어질 것 같아요. 사실 중국 친구들하고 맞짱 뜰 수 있는 베테랑들이 진작 길러졌어야 했어요. 중국어를 잘 하고 노련하며 기가 쎈. 하지만 아직도 많은 한국인들이 중국을 낮게 보고 있잖아요. 그게 현실이에요. 중국을 여전히 잘 모르는... 그게 가장 큰 문제인 것 같아요. 지금 산동성 지난(济南)에서는 아스팔트 위에 태양광을 시범적으로 깔았어요. 전기자동차들이 운행 중에 충전될 수 있도록... 그리고 중국의 음식배달 앱 어머(饿了么) 있잖아요? 그 어머는 위생관리를 철저하게 하기 위해서 등록된 배달 음식점 주방에 CCTV를 설치한 후 실시간으로 전반적인 위생 상태와 조리 과정 등을 감시하고 있어요.

김판수 사드 시기 홍췐루 한인촌은 상황이 좋지 않았는데, 여기 구베이의 주재원 사회는 분위기가 조금 달랐을 것 같습니다.

수원 확실히 홍췐루 쪽은 직격타를 맞았죠. 그런데 여기 구베이는 주재원들이 대다수잖아요. 월급과 수당을 안정적으로 받고 있으니까. 상대적으로 여유가 있죠. 그리고 구베이 지역 일부 한국인 주재원들은 오히려 전화위복이 되었다고 여기는 것 같아요. 즉 이번에 제대로 한 번 터진 결과, 한국 본사의 고위 임원들이 '중국 문제'를 직시하게 되었다는 거죠. 그 결과 현재 중국 진출 한국 대기업들은 새로운 플랜을 짜고 있다고들 합니다. 그래서 저력이 있는 기업들은 지금 조금 힘들어도 장기적으로 볼 때 좀 더 탄탄하게 올라갈 것 같아요.

김판수 구베이의 대기업 주재원 사회는 훙췬루 자영업자 사회와 조금 다른 입장에서 사드 이후를 전망하고 있다는 거죠?

수원 그렇죠. 사드는 어차피 몇 년 후라도 한중이 맞닥뜨려야할 문제였어요. 그러니 어쩌면 저력이 있는 한국 대기업들은 오히려 미리 한 대 제대로 맞았으니, 이 기회에 좀 더 빨리 쇄신할 수 있는 기회로 여길 수 있잖아요. 즉 사드 문제는 한국인들이 기존 중국에 대한 선입견과 가치관 등을 한 번에 바꾸게 되는 계기로 작용했다고도 볼 수 있어요. 그런 면에서 사드는 서로의 민낯을 제대로 보도록 했죠.

김판수 사드 사태가 한국의 중국 진출에 미칠 장기적 영향은 무엇일까요?

수원 결국 한국에서도 핵심 경쟁력이 있는 부문이나 사람들이 나와야 된다는 것이죠. 사실 삼성전자 반도체 부문의 대중국 수출은 더 많이 늘었잖아요. 지금은 중국에서 여전히 애를 쓰며 구매해야 하는 부문이죠. 그러니까 한국도 이제는 핵심 경쟁력을 갖춰야 합니다. 또 우리는 중국 이외 다른 지역도 빨리 찾아봐야 합니다. 좀 더 장기적으로 보면 현재 우리가 중국보다 조금 앞서 있는 부문들은 중국 측하고 피를 섞는 방법도 고려해봐야 합니다. 즉 제대로된 합자를 하는 거죠. 그렇게 서로를 묶어두어야 합니다. 이미 몇몇 한국 대기업들은 낮은 단계에서 그런 방식을 취하기 시작했어요. 그렇게 다시 올라가고 있어요. 그래야 중국 시장에서 좀 더 오래 살아남을 수 있어요. 사실 지금 중국에서 힘들어지니까 베트남 같은 곳으로 많이 가잖아요. 그런데 중국에서 후퇴하면 그 곳에서도 얼마 못 버틸 겁니다.

김판수 사드 기간 중 전반적으로 중국의 법치가 강해져서 외국인들이 더 살기 힘들어졌다는 말을 하더군요.

수원 지금 어느 정도로 조여오고 있냐면, 외국인의 비자 발급이 예전과 같지 않아요. 이제는 중국이 완전히 원칙대로 하고 있습니다. 원래 비자 재발급 등의 경우 관행처럼 여기서 신청하면 나왔거든요. 그런데 이제 대기업 주재원들도 한국에 돌아가서 서류 준비 후 정식으로 발급 과정을 준수해야 합니다. 통관도 원칙대로 하고 있어요. 그 동안 중국이 외국인들의 편의를 봐주기 위해 많이 눈감아 주고 느슨하게 했지만 이제 원리원칙대로 처리하는 거죠. 예전 한국 기업이 들어올 때는 지역 당서기가 맨발로 뛰어나올 정도로 환대 했지만, 지금은 그야말로 '있으나 마나'(无所谓)라고 생각하니까요.

김판수 개인적으로는 1년 동안 어떠셨나요?

수원 사드 영향이 없지는 않았지만, 그래도 저는 타격이라고 볼 수 없는 수준이었어요. 그리고 저 스스로 최근 1년 중 대부분 시간을 박사 논문 준비에 할애했거든요. 중국에서는 그래도 학교는 무풍지대였던 것 같아요. 이번 1학기를 끝으로 저는 경제법 관련 박사학위를 받습니다.

김판수 사드 기간에 친밀한 중국인 분들과의 관계는 어떠했나요?

수원 사드가 영향을 끼칠 만한 관계는 아니지요. 전혀 상관없었어요. 오히려 "이런 상황에서 네가 힘들어질 수 있겠다" 라며 걱정을 해줬어요. 그 분들이야 말로 중국인 생리를 가장 잘 알기 때문에 "항상 몸을 가볍게 하라"며 조언을 해줬죠.

김판수 앞으로 상하이 한인 사회는 어떻게 변해갈까요? 한국인의 삶의 질은 더 빨리 후퇴하고 있는 느낌이 들더군요.

수원 상황이 그렇게 가고 있어요. 여기 구베이만 하더라도 많이 줄었어요. 특히 구베이에 저처럼 자영업자로 남아있는 사람은 거의 없는 것 같아요. 홍첸루는 몇 년 더 버티겠지만, 거기 계신 분들도 결국 쑹장이나 난샹 등 상하이의 서쪽 변두리로 더 많이 이전하겠죠.

김판수 지금 시점에서 신조선족 의미를 다시 정의해주십시오.

수원 작년에는 한국 사람도 중국 사람도 아닌 어중간한 위치에 있다고 한 것 같아요. 그런데 지금 이 시점에서 보면 한국 가도 할 게 없으니까 여기 중국에 남아서 눈치 보면서 살아가야 하는 사람이라고 볼 수도 있을 것 같아요. 한국에서는 경쟁력이 없고, 여기 중국에서도 한국인이 주체적으로 할 수 있는 일들이 급격히 줄어들고 있으니까요. 상하이 한국인 수도 눈에 띄게 줄어든 것 같아요.

김판수 이러한 급격한 변화는 언제부터 시작되었다고 생각하시는지요?

수원 사드 이전부터 시작되었다고 봐야죠. 사드는 현재 현상을 그저 앞당긴 촉매제로 봐야 합니다. 사드로 인해 관광과 화장품이 타격을 받긴 했지만, 현실적으로 보면 한국의 그 부문들이 최고 수준은 아니잖아요. 단체관광을 막긴 했지만 개인 관광을 막은 게 아니잖아요. 정말 높은 경쟁력이 있었다면, 타격이 있었어도 어느 정도는 잘 돌아갔을 거라고 생각합니다.

김판수 대표님의 이후 계획이 궁금합니다.

수원 저는 이제 쉬엄쉬엄 하려고요. 이제는 학위도 받았으니 한국 돌아가서 강의도 하고 싶어요. 상하이에 너무 오래 있었어요. 20년이나. 여기 사무실은 제가 없어도 잘 움직입니다. 한국 돌아가도 컨트롤 할 수 있거든요.

이제는 조금 다른 일을 하고 싶어요. 예를 들어, 지금은 제가 그 동안 쌓아 올린 네트워크를 통해 상하이와 한국 자본을 잇는 일도 조금씩 하고 있어요. 그런 일도 재미있더군요.

제3부

한국 여성이 경험한 중국 삶 – 경제

서희 인터뷰는 2016년 3월 약 3시간 동안 진행되었다.

그녀는 1994년 주재원 발령을 받은 남편을 따라 베이징으로 진출했고 또 1998년 상하이로 이전했다. 주지하다시피 해외 주재원 부인은 일반적으로 '먹고 노는 사람'으로 재현되는 경향이 있다. 그러나 서희의 사례는 우리의 상식과 전혀 다른 형태의 '사모님의 삶'을 보여준다. 그녀의 남편이 재중국 한국 대기업 법인장으로 활동했던 기간 동안, 그녀 또한 '법인장 사모님'으로서 개인적 삶보다는 주재원에 가까운 삶을 소화해야만 했다. 그리고 그녀 개인의 사회적 삶은 남편의 퇴직 이후 비로소 전개될 수 있었다. 그녀의 사례를 통해 중국 진출 한국 대기업의 성장에는 공식적 조직 구성원 이외에 '비공식 조직 구성원'의 희생도 요청되었음을 알 수 있다.

중국에서 파트너 간의 유대감은 개인보다는 '가족 단위'를 통해 더 강화되기도 한다. 예를 들어 중국에서 '남성' 파트너들 간의 경제적 관계가 위기에 처하더라도 엄마들의 관계가 돈독하고 또 아이들도 교육 활동 등으로 엮여있을 경우, 위기에 처했던 남성들 간의 경제적 관계도 쉽게 회복될 가능성이 높다.

그러므로 중국 내 한국인 사모님들이 '남편 회사'를 위해 수행한 비공식 경제 활동효과는 좀 더 진지하고 세밀하게 평가될 필요가 있다. 최근 중국 진출 한국 기업들은 '비용 문제' 때문에 과거처럼 가족 단위의 파견을 지양하고 '단신 부임'을 선호하고 있다. 그러나 그녀의 사례를 통해 볼 때, 가족 단위 파견의 효과는 가시적 '비용'보다 훨씬 더 큰 비가시적 '이익'으로 작용할 가능성도 높다.

1990년대 초 베이징에서의 '현지인' 생활

이선화 상하이에서 활동하고 있는 여성분들의 말씀을 듣기 위해 찾아 뵙게 되었습니다.

서희 아줌마들 수다가 도움이 되려나 모르겠어요(웃음).

이선화 중국에는 어떻게 오시게 되었는지요.

서희 저는 1994년에 처음 왔어요. 그때는 상하이가 아니라 베이징에 서 살았어요. 여기 상하이는 1998년에 왔지만. 1994년 6월에 애 아빠가 베이징 주재원으로 나갔어요. 저는 그때 6월에 둘째 를 낳았고요. 무서웠어요. 갑자기 남편이 중국으로 발령났다고 하니까. 혼자 남아 출산하기가 무서워서 1주일만 있다 가라고 남편에게 부탁했어요. 그런데 뿌리치고 가더군요. 저도 애 아 빠와 같은 A 대기업에 다녔기 때문에 회사 분위기를 잘 알고 있었지만, 정말 그때 그렇게 뿌리치고 갈 줄은 몰랐어요. 당시 A의 조직 문화가 그랬어요. 회사가 명령하면 당장이라도 짐 싸 들고 혼자라도 가야하는. 요즘 젊은 사람들은 그런 상황이었다 면 회사에 사정을 이야기하겠지요.

이선화 요즘은 할 것 같아요.

서희 22년 전에는 할 수가 없었던 거예요. 그래서 저는 애 낳고 좀 키우다가, 그 해 가을쯤 베이징에 들어갔어요. 거기서 4년 정 도 살다가 1998년도 4월 즈음 여기 상하이로 왔어요.

이선화 1994년이면 한중수교 이후 얼마 지나지 않았고, 더구나 당시 중국은 여전히 낙후된 환경이었을 것 같습니다. 1994년 중국 수도 베이징에서의 생활은 어땠나요?

서희 　중국 수도였지만 그때는 외국인들에게 허용된 주거공간도 별로 없었어요. 1990년도에 베이징 아시안게임이 있었잖아요. 그때 베이징의 선수촌이 들어선 곳이 야윈춘(亚运村)이라고 칭해졌죠. 아시안게임 끝난 후 바로 그 공간에 외국인들이 들어가 살 수 있도록 허용되었죠. 그리고 1990년대 초에는 베이징이라는 도시 자체에 아파트라 부를 수 있는 건물도 별로 없었어요. 가로등도 없으니까 저녁만 되면 나갈 수도 없었죠. 그저 회색 도시였어요. 심지어 기저귀나 분유 같은 것도 편하게 가까이서 구매할 곳이 없었어요. 외국인 전용 백화점에 가야만 소량으로 조금씩 구매할 수 있는 수준이었어요. 그때 플라스틱 쓰레기통도 제대로 된 것이 없어서 그 외국인 전용 백화점 가서 한국 돈으로 만 원 정도 주고 사야만 했어요.

이선화 　1994년도에 한화로 만 원을 지불하고 플라스틱 쓰레기통을...

서희 　그때 중국에 플라스틱 제품이 그렇게 귀했어요. 당시 베이징에는 생활 용품 자체가 매우 귀한 시절이었지요. 그래서 저는 중국에 출장오는 회사 분들을 통해서 분유와 기저귀 등을 제공받고 살았어요.

이선화 　오기 전에도 베이징이 그렇게 낙후된 곳인지 알고 계셨죠?

서희 　저희가 사내 결혼을 했잖아요. 우리 애 아빠를 좋아하는 분들도 많이 있었지만, 저를 아꼈던 임원 분들도 많이 있었거든요. 그래서 애 아빠가 중국에 가려고 하니까, 그 분들이 저한테 남편을 말리라고 했어요. 결국 제가 고생한다고요. 심지어 우리 회사 차장님이 집에 찾아오셔서 하룻밤 꼬박 새면서까지 남편을 설득하려고도 했어요.

이선화 그때 베이징에 아파트라고 부를 만한 곳도 별로 없었다고 했는데 주거환경이 어느 정도 수준이었나요?

서희 그때는 정말 아무것도 없었어요. 그런데도 애 아빠는 회사에 부담 안 주려고 굳이 현지인들이 살고 있는 아파트에 들어가서 살고 있더라고요. 당연히 불법이었죠. 외국인들은 원래 허가된 지역에만 살아야만 보호가 된다고 했거든요. 그 외 공간에서 주거할 때는 위험한 상황에 처해도 책임을 안 진다고 했어요. 그래서 저는 당시 영화 빠삐용에 나오는 그 감옥 화장실과 유사한 곳을 직접 눈으로 보면서 살아야만 했어요. 나무막대기로 된 변기 의자를 갖춘... 사실 남편이 회사에다가 주거 비용을 청구하지 않은 거죠. 너무 초창기에 나왔기 때문에 중국 주재원 지원 체계를 스스로 만들어야 했으니까. 그래서 회사에 부담을 주기 싫다고 우리는 그냥 현지인 생활을 했어요. 그런데 한국의 본사도 중국 주재원 체계를 안 만들고 그냥 사람만 보낸 거죠.

이선화 사람만 우선 보낸다니.

서희 네. 그러니까 가족 지원 항목 같은 것도 없었어요. 그냥 남편이 '여기 삼성이나 대우나 이런 데는 다 그렇게 하고 있으니까, 회사에 이런이런 지원 체계를 만들어달라' 하면 되는데, 그냥 남편이 안 했어요. 화장실 문제 이외에도 바닥, 타일, 가스레인지, 세면대 등 모든 것들이 상상을 초월하는 상태였어요. 뜨거운 물도 안 나와서 목욕도 제대로 못했어요. 애기들도 목욕을 제대로 못하고 살았어요. 매번 뜨거운 물을 끓여서 애기들을 씻겼죠. 나중에 오피스텔 살고 있는 지인 집에 가니까 뜨거운 물도 나오고 욕조도 있더라고요. 그래서 일주일에 한 번씩 애들 데리고 가서 목욕시키고 저도 그렇게. 그 외에는 일주일에 한 번 호텔에 가서 욕조에 몸을 담그는 게 낙이었어요. 당시 저는 결코 제 의지로 살지는 않았어요. 그냥 어쩔 수 없이 그렇게 살았던 거죠. 그렇게 2년 동안 현지인으로 살았어요. 그 후에는 회사가 베이징에 우방아파트를 사택으로 샀어요. 그래서 거기 들어가서 진정한 행복이 시작되었어요. 작은 집이었지만, 따뜻하고 깨끗했죠.

한중수교 초기 한국 주재원 사모님의 삶

이선화 중국어는 언제부터 배우셨나요?

서희 남편의 회사일이 너무 바쁘잖아요. 애가 아파서 병원에 가야되는데, 처음에는 중국동포 직원을 보내줬어요. 통역을 해야 하니까. 그런데 2번 정도 그러고 난 후에는 보내주지도 않더군요. 그냥 집에 있는 중국동포 아주머니랑 가라고. 그래서 제가 오기가 생겼어요. 내가 중국어를 해야겠다. 뭐 남편도 그때는 거의 하루에 3~4시간만 집에 있었을 때에요. 새벽에 나가서 새벽에 들어왔어요. 잠만 자고 나가는 거였죠. 그래서 저도 남편한테 미안해서 직접 중국어 사전을 들고 다니면서 병원을 다녔죠. 병원 가면 의사들한테 사전을 줬어요. 애가 어디 아픈지에 대해 일종의 지필대화를 했어요.

이선화 중국어는 어디서 배우셨나요?

서희 지금 베이징에 어언대학 있잖아요. 그때는 어언학원(语言学院) 이었어요. 거기서 배웠어요. 1994년도 그때만 해도 한국 대기업에서 파견해서 언어 배우는 사람이 엄청 많았어요. 그때 한국의 B 기업과 C 기업은 지독했어요. 6개월에서 1년 동안 와이프를 못 만나게 했어요. 즉 언어만 배워가지고 오라는 거였죠.

이선화 혈혈단신으로 중국에 보내서 언어 공부만 시켰다는 건가요?

서희 네. 제 친구는 남편이 C 기업에 있었는데 회사에서 못 만나게 하니까 홍콩에 가서 만나고 왔어요. 그때 중국 진출했던 한국 대기업들은 마인드가 그랬어요. '진짜 중국 여자를 만나야 베갯머리 중국어가 빨리 는다'는 둥. 그래서 당시 B 기업과 C 기업 주재원 부부들은 홍콩 가서 만날 수밖에 없었죠. 그게 일반적이었어요. 지금 돌아보면 재미있는 이야기죠. 요새 같으면 그렇게 절대 못하지.

이선화 상하이에서의 생활은 어떠셨나요?

서희 상하이에 갔는데 베이징에서의 삶이 반복되었어요. 1998년도에 남편이 미리 와서 집 얻어났다고 해서 왔는데, 저기 지금 한인촌 근처의 롱바이신춘(龍柏新村)이라고. 당시에는 굉장히 낙후된 곳이었죠. 좋은 집이라고 해서 왔는데, 아니나 다를까, 월 렌트비가 3천 위안 짜리 집이었어요. 지금도 그렇지만 당시 상하이 대기업 주재원들은 대개 구베이에 살았잖아요. 그런데 그때도 구베이 아파트의 월 렌트비는 2천 달러에서 3천 달러 정도였어요. 그러니까 남편이 비용 아낀다고 또 로컬 아파트를 얻은 거예요. 그때 제가 만나는 사람들에게 제가 살고 있는 곳 이야기하면, '남편이 A 기업 다닌다고 했는데 왜 거기 사냐고' 의아해했어요. 그 다음부터는 누가 남편 회사 어디냐고 물어보면, 회피했어요. 이야기 안 했어요.

이선화 1998년 A 기업 법인장으로 상하이에 오셨는데도 그런 아파트에 살았다는 건 확실히 상상하기 어려운 일이네요.

서희　그러니까요. 상하이 왔을 때도 법인장이었잖아요. 비용을 당연
히 쓸 수 있는데도 불구하고 그냥 낭비라고 생각한 거예요. 왜
냐하면 그때가 IMF 초기였잖아요. 그래서 회사가 어려운데 집
렌트비에 몇 천 달러를 쓸 수 없다고 한거죠. 그때 우리 큰 애
가 초등학교 1학년 입학을 해야 했는데, 그때 국제학교 1년 학
비가 20만 위안이었거든요. 그래서 남편은 그 것도 낭비라고
큰 애를 국제학교 안 보내고 우리가 살았던 로컬 아파트 옆에
있던 로컬 초등학교에 입학시켰어요. 나중에 회사 사정이 좋아
지고 또 부하 주재원들이 많아지면서 국제학교로 옮겼죠. 그런
데 결과적으로 볼 때는 감사한 부분이기도 해요. 그때 큰 애가
로컬 학교에서 배운 중국어로 평생 써 먹고 살아갈 것 같으니
까요.

이선화　초기 중국 생활의 고생 이외에 다른 부분도 있지 않을까요?

서희　네. 초창기 때 고생은 했지만, 사실 고생이라고만 볼 수 없죠.
왜냐하면 애 아빠가 대기업을 다녔고, 또 해외 법인의 법인장
이었잖아요. 물질적으로 힘든 것은 없었어요.

이선화　당시 주재원 남편을 따라 중국에 온 여성들의 삶은 어땠나요?

서희　1994년도에 파견되었던 모든 대기업 주재원들은 거의 가정을
신경쓰지 못했을 거예요. 그나마 저는 사내 결혼을 했기 때문
에 남편을 이해하는 편이었죠. 회사의 조직문화를 잘 알고 있
었으니까요. 그런데 베이징 우방아파트 옆 동에 살면서 친해진
친구는 한국에서 회사 생활을 한 경험이 없었어요. 그래서 그
친구는 베이징에 있을 때 항상 이혼하겠다고 했어요. 그때 여

기 남편들이 모두 술집으로 KTV로 너무 많이 돌아다니던 때였으니까요. 또 그땐 우리 여성들이 놀 수 있는 문화도 없었어요. 우리는 그냥 오로지 애기들하고 있었죠. 매일 한 집에 모여서 밥 먹고 시간 보내고 헤어졌어요. 그때는 놀이방도 없던 시절이었어요. 그러다 언젠가 우다오커우(五道口)에 노래방이 생겼어요. 그래서 우리들은 오전에 중국어 공부하러 갔다가, 공부 끝나면 노래방 가서 1~2시간 노래하고, 그 후에 시장 보고 집에 돌아왔죠. 그땐 오전 수업 끝나고 노래방 가면 사장이 일어나지도 않았어요. 그래서 우리가 문을 막 두드려서 깨웠어요. 빨리 문 열어 달라고. 그게 당시 우리 아줌마들의 낙이었어요. 그땐 우리들이 맥주 마시러 나갈 곳도 없었죠. 반면, 남자들을 위한 KTV 등 밤 문화는 아주 많았죠. 그래서 우리들은 노래방 가서 울분을 터트리는 거예요. 노래하다가 울고 막 하소연하고. 우리는 모두 버림받았다고 생각했었죠. 그런데 당시 남편들은 우리한테 '당신이 뭐가 힘들어. 아줌마가 청소하고 밥하고 다 하는데. 애만 보면 되잖아.' 그랬었죠.

이선화   그런데 또 여자들은 그런 게 아니죠. 아줌마가 아무리 일을 도와주더라도, 한국에서와 달리 사회적으로 고립되어 있으니까요.

서희   맞아요. 우리는 고립되어 있었죠. 네 힘들었어요. 그래서 우리 여자들은 점차 뭔가에 빠지기 시작했어요. 언어 등을 공부하는 사람, 쇼핑에 미쳐서 가구나 골동품을 모으는 사람. 아니면 신앙생활에 깊이 빠졌죠. 예를 들어, 교회를 아주 하루 종일, 월요일부터 주일까지 교회에 꼬박 나가는 사람도 있었어요. 대충 그 세 부류로 구분할 수 있을 것 같아요. 그래서 제가 보기에 교회가 교민 커뮤니티에서 매우 중요한 역할을 했던 것 같아요. 특히 우리 여자들은 교회가 없었으면 더 힘들었을 거예요.

중국에서의 자녀양육과 교육

이선화 주재원 사모님들은 중국에 처음 올 때 그 상황을 어떻게 받아들였나요?

서희 처음에는 저도 막 울었어요. 오기 싫었어요. 아무 것도 없는 공산 국가. 너무 무서웠어요. 와서 보니까 실제로 사람들도 무서워 보였어요. 베이징은 겨울도 길잖아요. 그때는 중국 사람들이 겨울에 다 군복 같은 것을 입고 다녔어요. 일반인들인데. 그런 상황에서 우리 여성들이 배울 수 있는 거는 중국어밖에 없었잖아요. 그런데 그때는 다들 '중국어 배워서 뭐하게 영어도 아니고' 이렇게 생각했었죠. 공산주의 국가에서 배울 것이 있겠느냐는 것이었죠. 저도 그랬고, 많은 분들도 그렇게 울면서 왔어요. 그래서 '우리 한국에 돌아가야만 할까?' 그러고 있었죠. 그런데 중국 올 때는 그렇게 힘들게 왔다가 갈 때는 또 미련이 남아서, 남편 귀임 발령이라도 나면 또 막 울어요. 요즘엔 막 통곡해요. 가기 싫다고.

이선화 주재원 사모님으로 오신 분들은 많이들 그런 것 같아요. 그런데 돌아가고 싶지 않은 이유 중에는 바로 자녀 교육 때문도 있더군요. 사모님께서는 어떻게 교육을 관리하셨나요?

서희 애들이 스스로 큰 것 같아요. 미안하죠. 애들한테 제일 미안해요. 그리고 애들이 국제학교를 다니다보면, 무늬만 한국 사람이지 사고나 행동은 서양 사람처럼. 한국인 가정인데 아이들 정서는 조금 다른 거죠. 그래서 저는 애들이 미국학교 간다는 것을, 제가 영국학교로 넣었죠. 남자애들이니까요. 영국학교는 좀 보수적으로 교육하거든요. 여튼 상하이에서도 처음에는 로컬 아파트 살다가 나중에야 주재원들이 모여 있는 구베이로 나왔어요. 구베이에도 렌트비가 천차만별인데 우리는 좋은 집에 안 들어갔어요. 그냥 애들 학원 보내기 좋은 싼 집을 골라서 살았죠. 애 아빠는 회사 돈인데 비싼 집에서 살 필요가 없다는 거였어요. 그래서 제가 항상 이야기했죠. 거느리고 있는 주재원 가족들도 생각해야 한다고.

이선화 여기 법인장이셨으면 현지에서 직접 법인을 책임지고 운영하는 입장이니까 쉬운 일은 아니었겠네요.

서희 그렇죠. 한국에서 보조 받는 게 아니라 여기 있는 수익으로 운영을 해야 하니까요. 사실 20명 정도의 주재원들이 나오게 되면, 집 렌트비에 국제학교 학비까지 하면 비용이 상당히 크죠. 물론 주재 수당도 있고요. 그런데 여기 나온 주재원들도 다들 힘들게 살아가요. 수입이 많지만 지출도 많아요. 왜냐하면 요즘은 갈수록 국제학교 학비를 100% 보조하지는 않거든요. 그래서 요즘 기업들이 단신으로 보내는 경우가 많아지고 있어요. 아니면 애들이 아주 어릴 때 주재원으로 보내요.

이선화 그래서 다들 여기 주재원 연령이 낮아진다고 하는군요.

서희 그렇죠. 유치원은 한 달에 한화로 백만 원에서 2백만 원 정도? 그 사이에요. 회사 부담이 적죠. 왜냐하면 우리 애 국제학교 보낼 때 2010년에는 외환위기까지 겹쳐서 엄청 비쌌거든요. 아이 한 명 학비가 한 학기에 23만 위안이었는데, 그때 한국 돈으로는 거의 5천만 원이었잖아요. 그럼 1년에 1억씩 들어가는 거죠. 그 거도 순수학비만 그랬어요. 거기에 학원 차량, 스쿨버스, 점심 비용 등은 포함되지 않았죠. 그러니까 회사에서는 엄청 비용이 발생하는 거지. 물론 그때는 그래도 여기 법인들이 많이 벌긴 했지만, 법인장 입장에서는 그래도 책임을 지고 관리를 하는 입장이니까. 리더와 그렇지 않은 사람들 사이에 조금 입장이 달랐죠.

이선화 국제학교를 다니면 좀 더 여유로운 학창 시절을 보낼 것 같은데, 실상 여기에서도 여전히 학원을 많이 보내는 것 같더군요.

서희 우리 애들도 다니긴 다녔어요. 중학교 때까지도 영어와 수학을 주로 했죠. 고등학교 때는 영국 학교에 IB Diploma 과정이 있어요. 하이 레벨 및 스탠다드 레벨이 각각 3개가 있는데, 아이들이 Diploma 성적을 받는 프로그램이 있죠. 고등학교 가면 영국학교 커리큘럼이 미국식이랑 좀 달라요. 미국식은 SAT 점수 따는게 중심이지만, 영국식은 IB Diploma 과정을 고등학교 2년 동안 해요. 그렇게 12~13학년을 보내면, 그 성적으로 대학교에 지원하는 거죠. IB Diploma 가 장점이 좀 더 있는 것 같아요. 외국 대학 갈 때 SAT보다좀 더 폭 넓게 인정을 해줘요. 미국으로 갈 때도 인정해주고. 그런데 SAT는 미국 대학만 주로 인정해주죠. 우리 작은 애가 홍콩 대학을 갔어요. 고등학교 때 IB Diploma 점수가 있으니까, 홍콩 대학에서 1년을 인정해줘서 실제로는 3년 과정을 이수하면 되죠. 교양 과목 1년을 빼주는 거죠.

중국 법인장 사모님의 '사회생활'과 '회사생활'

이선화 중국에 오래 계셨던 만큼 한국인 공동체와의 관계도 깊었겠죠?

서희 초창기에 베이징에서는 굉장히 외로웠어요. 우리가 처음 외국에 살러 가면 사람을 찾게 되고 또 의지를 하게 되잖아요. 그런데 이미 그 곳에서 오래 있었던 사람들은 처음 온 사람과 다르죠. 예를 들어, 우연히 알게 된 분을 시장에서 만난 적이 있어요. 저는 반가워서 인사를 했어요. 그런데 그 분은 저를 귀찮아하는 것 같았어요. 그 분은 저 보다 좀 더 빨리 오신 분이었어요. 그러니 우리처럼 온지 얼마 안 된 사람들을 좀 피하는 거죠. 왜냐하면 사소한 일을 도와줘야 하고, 이야기도 들어주어야 하고, 결국 본인의 시간을 빼앗기는 거죠. 그리고 만약 노력해서 친해졌는데도 남편이 귀임하게 되면 또 헤어지게 되니까. 그 분 입장에서는 그게 되풀이 되었던 거였죠. 처음에 저는 그런데서 상처를 많이 받았어요. 그런데 시간이 지나서 제가 그 분처럼 오래 있었던 사람이 되니까 저도 그렇게 되더군요. 예전 생각해서 노력하지 않은 건 아닌데. 그래서 요즘 처음 오신 분들이 저에게 '오신지 몇 년 되었어요?' 하고 물어보면 '저 20년 넘었어요'라고 말을 못해요. 저는 얼마 안 되었다고 이야기하면서 나름 친근하게 대하려고 해요.

이선화 그럼 새로 오는 한국인 분들과 큰 거리감도 느끼시겠네요.

서희 사실 저는 이제 여기 살고 있어도 제가 한국에서 사는 건지 중국에서 사는 건지 잘 모르고 살 때가 많아요.

이선화 어떤 점에서 그러세요?

서희 여기 이 근처에는 한국 사람들이 많잖아요. 오히려 한국에 가면 외국에 있는 것 같은 느낌을 받아요. 한국에 잠시 가서 거리를 걷다가 한국말이 들리면 '어? 어디서 이렇게 한국말이 들리지?'하고 저도 모르게 쳐다봐요.

이선화 베이징에서 살다가 1998년 상하이 오셨을 때, 한국인 공동체 측면에서 어떤 차이가 있었는지요?

서희 초기 베이징에서는 한국 사람끼리도 굉장히 보수적이고 그 도시 분위기에 맞춰지는 것 같아요. 베이징 자체가 약간 폐쇄적이고 굉장히 엄한 분위기잖아요. 거기 파견된 주재원 분들도 사장이나 임원들이 많았어요. 자연히 사모님들도 연세가 좀 많았죠. 그때 저는 20대 후반이었으니, 그 분들이 시어머니처럼 느껴졌어요. 애기 데리고 예배 가면 눈치를 줄 정도였죠. 그러다가 상하이로 오니까 연령대도 좀 낮아진 것 같고, 분위기도 활기찬 느낌? 상하이가 경제 수도라서 그런지 전반적으로 밝았던 것 같아요. 베이징은 한국 공동체도 엄하고, 격식 따지고, 사모님들끼리도 서열 따지고 이런 게 너무 심했는데, 여기 오니까 확실히 좀 더 자유롭고 밝았던 것 같아요.

이선화 그때 베이징에 한국 대기업들의 중국 진출 핵심 본부가 많이 세워졌죠?

서희 그때는 거의 모든 대기업들이 베이징 중심으로 들어갔기 때문에 본부가 많이 있었죠. 그때 50대 이상의 사모님들이 굉장히 많았어요. 그래서 너무 힘들고. 매일 그 사모님이 주재하는 모임에 가야하나 말아야 하나 고민의 연속이었죠. 안가면 안 온다고 뭐라고 할 것이고. 가면 또 그 엄청난 압력이... 스트레스였어요. 애 아빠가 여기 상하이 법인장으로 왔을 때, 주재원만 20명 정도였어요. 그래서 저는 그렇게 하지 말아야지 하고 다짐했어요. 옛날 그 베이징 사모님들처럼은 안 해야지 하면서. 물론 저는 나름대로 한다고는 했지만, 또 상대방은 그게 아닐 수도 있었겠죠. 법인장 사모님 역할도 쉽지 않아요.

이선화 중국에서는 주재원 사모님들 모임이 꽤 중요한 공동체 역할을 하고 있죠?

서희   맞아요. 처음 오신 분들은 일단 언어가 안 되기 때문에. 사모
       님들이 회사 직원은 아니지만 직원처럼 일을 하죠. 그런 일이
       상당히 많아요. 애들 학교 신청 문제를 도와드려야 하고, 생활
       에 필요한 각종 정보들을 알려 드려야 하고, 어쨌든 초기 정착
       을 위해서는 무수한 정보들이 필요하잖아요. 그걸 다 해줘야
       해요. 중요하잖아요. 먹고 살아야 하니까.

이선화   그럼 상하이에서 법인장 사모님이셨을 때 주재원으로 한국에
       서 가족이 올 때마다 계속 그 일들을 하셨겠네요.

서희   그렇죠. 그런데 그 것만이 아니에요. 우리 회사 직원뿐만 아니
       라 한국에서 중국 올 때 우리 애 아빠를 소개받아서 오시는 경
       우도 많았어요. 애 아빠도 힘들었죠. 자기 회사 일 하는게 아
       니잖아요. 그런데 본사에 계신 분들의 소개를 받고 온 분들이
       니... 심지어 일 때문에 알게 된 다른 기업 고위 분들 소개를
       받아서 또 많이 오셨어요. 연줄, 소개 등. 너무 많았어요.

이선화   여기 오래 계시는 사모님들도 엄청 바쁘겠네요.

서희   맞아요. 남편은 남편대로 저는 저대로 바쁜 거예요. 왜냐하면
       제가 그 부인 분들을 케어 해줘야 했죠. 우리 회사 사람들뿐만
       아니라 다른 회사에서 오신 분들께도 안내 해드리고. 초기에
       오시면 모든 게 궁금하시잖아요. 그래서 여기 생활의 전반적인
       것들을 또 알려드리고. 애 아빠가 한국에서 오시는 분 접대할
       때는 저도 저 나름 그 분 부인들을 접대하는 거예요. 또 같이
       모여서 접대하고. 그래서 애 아빠도 그렇지만, 저도 애들을 볼
       수 있는 시간이 별로 없었어요. 그게 저도 좀 많이 미안해요.
       애들한테. 저는 수시로 아침에 골프 접대를 하러 나갔어요. 남
       편은 평일에 골프를 안 쳐요. 회사 일을 해야 하니까. 그러니

까 평일에는 제가 대신 나가서 골프를 쳤어요. 그런 날은 대개 저녁에도 접대하고 돌아오기 일쑤였죠. 저희는 여기에 애들이 있지만, 잠깐 출장 오시는 분들은 애들 데리고 오는게 아니니까. 집에는 아줌마가 있을 뿐이었죠. 우리가 직접 애들을 케어할 시간이 없었어요. 정말 너무 너무 바빠서. 정말 해줄 수가 없었어요.

이선화 그럼 법인장 사모님들의 일정은 거의 법인장의 일정과 차이가 크지 않았을 것 같아요.

서희 저희 애 아빠가 워낙 여기 중국에 오래 있다 보니까, 저희가 유독 그랬던 것 같아요. 너무 많은 분들이 소개를 받고 오셨으니. 나중에는 접대에 치이는 거예요. 너무 힘들었어요. 맨날 저녁 모임이 잡혀 있었어요. 또 누가 한국에서 오신다고 하면, 애 아빠는 회사 일 해야 하니까, 제가 직접 픽업 가는 일도 많았어요. 오신 분이 원하시면 백화점 안내해서 쇼핑도 같이 다녀야죠. 그 분들이 중국어가 안 되니까. 통역을 붙여줘도, 그 분들이 원하지 않아요. 현지에 사는 한국인들이 해주는 게 더 다이나믹하고 재미있다고. 그리고 한국인들끼리 이야기도 마음도 잘 통하니까요. 그러다가 이제 남편이 회사를 나와서 개인사업을 몇 년 전부터 하면서는 그나마 그런 접대 생활에서 벗어나게 되었죠.

이선화 그로 인해 생활 측면에서는 어떤 차이를 느끼셨는지요?

서희 장단점이 있겠죠. 남자들이 대기업에 있다가 그만두면 한 동안 허무함에 빠지는 것 같아요. 그게 단점이겠죠. 다만 점차 그 스트레스에서 벗어나서 좀 좋았던 것 같아요. 지금 다시 물어보면 애 아빠는 월급 생활은 다시 못하겠다고 해요. 그리고 우리는 더 이상 필요 이상으로 많은 사람들을 만나지 않아서 좋아요. 예전에는 제가 접대를 많이 해야만 했잖아요. 이제는 저를 위한 시간을 충분히 가질 수 있잖아요. 너무 좋아요.

이선화 주재원 분들이 귀임 명령을 받으면, 회사를 그만 두고 여기서 새로운 사업을 하고 싶어 하는 경우가 많나요?

서희 하고 싶어 하죠. 그런데 그런 분들 중 이제는 10명 중 1~2명만 성공하고, 2~3명은 월급쟁이 사업을 하고, 그 이외 분들은 대개 힘들어하시죠. 그런데도 많은 분들이 여전히 그런 현실을 간과하고 있어요. 상하이 오면 모두 돈 벌 것 같고. 물론 어떤 분들은 벌기도 하죠. 하지만 우리처럼 오래된 사람들은 또 그걸 잘 못해요. 그 사람들에게 보이는 돈이 우리에게는 이제 안 보이거든요. 그런데 거꾸로 생각해보면 여기 오래된 사람들은 당연히 알고 있어서 당하지는 않는데, 외부에서 새로 들어온 사람들은 그걸 몰라서 크게 당할 수 있죠.

이제 중국은 10년 전처럼 무엇이든 하면 되는 곳이 전혀 아니잖아요. 인건비나 세금 등의 처리도 굉장히 투명해져서 예전처럼 주먹구구식으로 하면 안돼요. 중국 사회가 어떤 곳인데.

정윤(익명) 뷰티업 종사

정윤 대표 인터뷰는 2016년 7월 총 2차례 약 6시간 동안 진행되었다. 그녀는 1994년과 1998년 잠깐 동안 남편을 따라 베이징과 상하이에서 머문 경험이 있었고, 2001년부터 본격적으로 상하이에 정착했다.

그녀의 '상하이 사모님 생활'은 다른 한국 대기업 주재원 부인들과 여러 가지 측면에서 차이가 있었다. 첫째, 중국 진출 및 생활에 대해 매우 긍정적이었다. 둘째, 2002년에 이미 중국 아파트를 구입했다. 셋째, 2004년부터 개인 사업을 시작했다.

인터뷰 내용에서는 왜 그녀가 상하이 한국인 사모님들과 조금 다른 삶의 경로를 개척하게 되었는지에 대한 이유가 잘 드러나지 않는다. 그럼에도 불구하고 그녀의 이야기들을 주의 깊게 살펴보면, 위에 열거한 차이점들에 대한 나름의 이유들을 추적할 수 있다. 즉 그녀는 중국 진출 이전부터 약 10년 동안 주재원 생활을 동경했었다. 따라서 당시 그녀에게 있어서 중국 진출은 그 자체로 긍정적인 사건이었다. 또 그녀는 본격적인 주재원 사모님으로 활동하기 전 1994년과 1998년 2차례 동안 몇 개월씩 중국을 경험한 적이 있었기 때문에 대비를 할 수 있는 여유가 있었다. 나아가 그녀는 자신이 원하는 바를 억누르기 않고 적극적으로 관철했다.

상하이 구베이 지역 정착 과정

김판수 언제 중국에 진출하셨는지요?

정윤 2001년 6월요. 그때 상하이에 왔어요. 지열이 너무 뜨거웠던
그 날을 잊을 수가 없어요. 우리가 주재원 나올 때는, 회사에서
주재원을 상대로 교육을 했어요. 강사로는 은행 담당자도 있었
고, 또 유명 대입학원 원장도 와서 애들 교육 관련해서 알려줬
어요.

김판수 주재원 가족을 위한 교육이었나요?

정윤 네. 여러 가지를 했어요. 예를 들어, 한국을 떠날 때는 한국 돈
을 어떻게 투자해야 하는지, 현지에서는 어떻게 애들을 교육해
야 하는지 등에 대해 미리 교육 받고 나왔어요.

김판수 대개 사모님만 참여하나요?

정윤 부부가 동시에 참가했어요. 그런데 남자들은 관심이 없죠. 엄
마들만 관심을 가졌어요. 그때 제 옆에 있던 가족은 영국으로
갔고, 또 다른 옆에는 뉴욕으로 갔어요. 일본으로도 갔고요. 그
때 저는 다른 가족들이 너무 부러웠어요. 그래서 '나도 영국으
로 갔으면 좋겠다' 말했더니, 신랑이 '자기는 영국가면 한 달도
못 살고 뛰쳐나올 거야' 라고 했어요. 그런 나라로 가면 한국
사람들을 되게 무시한다고. 그러면서 '너는 중국이 딱 맞을거
야' 라고 하더라고요. 그런데 저에게는 중국이 정말 딱 맞았죠.

김판수 당시 사장님은 중국에 대해 잘 모르고 나오셨죠?

정윤 저희 신랑이 1995년도에 1년 정도 베이징 어학연수를 나왔을
때 저도 잠깐 왔어요. 회사에서 신랑을 어학연수 보냈거든

요. 그래서 저는 그때 이미 베이징 주재원 분들의 생활을 알고 있었어요. 좋은 집에 살고, 아줌마가 아침에 밥상 차려주고, 꿈만 같은 생활이었어요. 그런데 신랑 말로는 중국이 아니라 영국 주재원으로 가면 부인이 직접 다 해야 한다는 거예요. 그래서 저는 중국 가는 걸 오히려 다행이라고 여겼죠.

김판수 당시 베이징 생활에 대해 소개해주세요.

정윤 1995년 베이징에 갔을 때, 1개월 만에 몸무게가 5kg 빠졌어요. 나름 좋은 아파트였는데도, 문만 열면 이상한 냄새가 났어요. 그래서 한 달 동안 과일만 먹고 살았죠. 저는 그때 도저히 못 살겠다고 한국으로 돌아갔죠. 그리고 1998년도 상하이에도 한 번 잠깐 나왔었어요. 그때 신랑이 단기 발령이 났었죠. 그때 신랑이 '야, 여기 한 번 와봐' 해서 왔는데, 상하이는 냄새가 안 나더라고요. 그래서 저는 '자기야, 난 상하이는 살 수 있을 거 같아' 라고 했어요. 사실 저는 주재원 생활 한 번 해보려고 10년을 기다렸어요. 그리고 결혼 10년 만에 신랑이 상하이 발령을 받은 거예요. 환상적인 삶이 시작되었죠. 정말 행복하게 살았어요. 그때는 여기 나온 가족 중에 남자들이 너무 바쁘니까, 부인이 불만을 가지고 귀국하는 경우도 많았어요. '난 이러고는 못 산다' 면서. 남자들도 맨날 접대니 뭐니, 그런 걸 이해 못하면 살 수 없는 거죠. 사실 우리 엄마들은 중국어를 못 하니까, 상하이에 와도 거의 집안에서만 산다고 봐야죠.

김판수 여기 구베이는 과거 '작은 UN' 이라고 불릴 정도로 다양한 국적의 외국인들이 모여 살던 곳이었는데, 당시에는 어느 나라 사람이 가장 많았나요?

정윤 2001년 즈음 구베이에는 대만인들이 가장 많았던 것 같아요.

2000년대 초 구베이 지역 아파트 소유자는 대개 대만 사람하고 한국 사람이었어요. 당시에는 상하이 사람들도 구베이 집을 살 능력이 없었죠. 여기 구베이가 처음부터 부자 동네는 아니었어요. 당시 저에게 중국어를 가르쳐 주었던 중국인 선생님 말을 빌자면, 자기가 여기 상하이 학교에서 애들을 가르칠 때 구베이에 아파트를 막 짓고 있었대요. 그때 학부형들이 와서 자기한테 '선생님, 구베이에 아파트를 꼭 사세요' 라고 추천 했대요. 융자로 사서 월세만 받아도 충분히 남는다고. 그런데 그 선생님은 '그 큰 돈 융자 받아서 어떻게 감당을 해요?' 하면서 꿈도 안 꿨대요. 그리고 몇 년 후 학부형들 집에 갔더니, 다들 어마어마한 부자들이 되어 있더라는 거예요. 그 중국 선생님에 따르면, 여기가 어떻게 이렇게 엄청나게 변했는지 이해가 안 된대요. 구베이 지역이 원래 묘지였다고. 허허벌판이었다고. 제가 2001년에 왔을 때도 구베이에 명도성 1기 몇 동만 지어져 있었어요. 황량했죠. 당시에는 한국 사람들도 허허벌판에 명도성이 떡 하니 있으니, 뭔가 대단한 곳인 줄 알았죠. 그래서 보안이 지키고 서 있는 문을 열고 들어가려는 생각조차 못했어요. 그런데 2001년 어느 날 어떤 언니가 오더니 '야, 거기 들어가도 돼' 라고 이야기 하더라고요. 그만큼 당시 구베이에서 명도성은 완전 성과 같은 모습이었어요. 그때 보안이 지키고 있는 명도성 입구 문을 통과할 때 얼마나 가슴을 졸였던지. 지금 명도성 1기는 구베이의 낡은 아파트 단지에 불과하지만...

김판수 당시 사장님의 일상적 삶은 어땠나요?

정윤 주재원 생활을 열심히 했죠. 골프도 치고요. 당시 구베이 한인 사회에는 이런 말이 있었어요. '골프를 치지 않으면 문제가 있다', '집에 아줌마를 두지 않으면 문제가 있다' 등. 남들 다 하고 또 다 쓰는데 왜 안 쓰냐는 거죠. 모두가 똑같이 해야만 했어요. 그런 게 굉장히 많았어요. 사실 아줌마 안 쓰고 혼자 하면 힘들었죠. 한국보다 더 큰 아파트에 사는 게 일반적이었으니까요. 한국에서는 20~30평대 아파트 살다가 여기 오면 50평 또는 80평대에 살았으니까요. 그때는 아줌마들 덕분에 행복하게 살았어요. 제가 여기 왔을 때만 해도 아침 8시부터 저녁 7시까지 주6일 동안 아줌마 월급이 5백 위안(한화로 6만원)밖에 안 했어요. 그래도 그때 한국 엄마들은 그 아줌마들을 엄청 야단치면서 썼죠.

김판수 하루에 20원꼴인데, 짜장면 한 그릇 값에 하루 종일 아줌마를 쓰면서도 그렇게 대했나요?

정윤 네. 어떤 엄마들은 집에서 아줌마를 쓸 때 자신이 중국말을 못 하니까 통역도 함께 썼어요. 통역을 통해 아줌마에게 빨래는 이렇게 하고 청소는 이렇게 해야 한다고, 한국식 집안일을 가르친 거죠.

김판수 당시 한국 엄마들하고 아줌마들 사이에는 어떤 갈등이 있었나요?

정윤 그때 한국 엄마들과 아줌마들은 '휴지' 때문에 갈등이 깊었어요. 저는 아줌마가 하루 종일 우리 집에 와서 일하는데, 휴지 한 개 정도 가져가는 걸 대수롭지 않게 여겼어요. 그런데 대부분의 한국 엄마들에게는 그렇지 않았던 거죠. 사실 그때 휴지가 중요하긴 했어요. 왜냐하면 중국 휴지는 너무 쉽게 찢어져서 사용하기 힘들었거든요. 그래서 한국에서 이삿짐 준비할 때 가장 많이 가져오는 게 한국 휴지였어요. 그렇게 중요한 한국 휴지를 아줌마들이 가지고 가니까 속이 상했겠죠. 그런데 아줌마들이 한국인 집에 와서 한국 휴지를 사용하다 보면, 집에 돌아가서도 그걸 쓰고 싶을 때가 있을 거 아녜요. 저는 그게 이해가 되더라고요. 이런 종류의 에피소드들이 진짜 많았어요.

김판수 초기에 주변 한국 분들과는 어떻게 지내셨나요?

정윤 해외 생활이라는 게, 제가 먼저 왔으면 다음 사람을 도와주는 게 있잖아요. 처음에는 저도 쌀을 사러 가서 '얼마냐' 고도 못했어요. 그때 쌀가게에서 어떤 한국 엄마가 중국어로 이야기를 하는 거예요. 그 분한테 '저도 쌀 좀 사주세요' 라고 부탁했죠. 한 3~4개월 지나니까, 그 말이 별로 어렵지 않더라고요. 그래서 제가 쌀가게에서 그 말을 하고 있는데, 몇 개월 전의 저하고 똑같은 상태의 어떤 한국 엄마가 그러고 있더군요. 그래서 제가 '저도 진짜 못해요' 하면서 도와줬어요. 이런 게 바퀴 굴러가듯이 계속 이어지죠. 그런데 시간이 지나면 그런 관계에서 멀어지게 돼요.

김판수 대체로 언제부터 그렇게 되는지요?

정윤 4~5년 정도요. 여기 대부분 사람이 그래요. 처음에는 열심히 도와주는데, 나중에는 결국 상처를 받기 때문이죠. 예를 들어, '어디 식당이 맛있어요', '어느 집 가면 좋아요' 라고 조언하면, 나중에는 '뭐 그렇게 싼 데를 추천하냐' 또는 '그렇게 비싼 데를 가라고 하냐' 는 등의 이야기가 들려오는 거죠. 그래서 5년 차 정도 되면 처음 온 사람하고 만나고 싶지 않죠. 결국 뒷말을 듣게 되니까. 그래서 점점 더 외로워져요.

김판수 사장님은 그럴 때쯤 일을 시작했나요?

정윤 저는 4년 차에 일을 시작했어요. 그때 남편이 주재원을 그만두고 나와서 사업을 시작했거든요. 그때 누군가 저에게 구베이에서 뷰티업을 하라고 추천했어요. 저도 나름 거금을 들여서 투자했죠. 잘 되었어요. 결과적으로 저는 상하이에 와서 정말 잘 되었다고 생각해요. 그래서 언젠가 우리 신랑한테 '자기야 이렇게 상하이에 오게 해줘서 정말 감사해' 라고 이야기했어요.

상하이 '타이타이(太太)' 생활 문화

이선화 구베이의 타이타이(사모님) 분들은 대개 집에 있잖아요?

정윤 그러게요. 저도 처음 와서 애들 학교 보내고 엄마들하고 같이 놀았죠. 그런데 일상이 너무 똑같았어요. 그러다가 대부분 중국어를 배우러 다니죠. 그런데 엄마들이 중국어 배우는 것도 한계가 있어요. 3~4개월 지나면 더 이상 못 배워요. 왜냐하면 엄마들은 중국어를 배워도 쓸 곳이 별로 없으니까요.

이선화 집에 일하러 오는 중국인 아줌마와 대화하지 않나요?

정윤 아줌마들의 방언이 어마어마해요. 우리는 거의 못 알아들어요. 그러다 보니 엄마들은 '아유, 뭘 배워' 하고는 그만 두죠. 그 다음에는 골프로 가게 돼요. 그게 당시 일종의 규칙이었어요.

이선화 타이타이들은 매일 골프를 치러 갔나요?

정윤 지금과 달리 예전만 해도 가격이 너무 쌌어요. 그때는 골프장 셔틀버스가 구베이를 계속 돌았어요. 아침 10시부터 1시까지 1시간 간격으로. 그때 상하이 골프장 손님은 거의 구베이 사람들이었으니까. 그러니 상하이는 타이타이들의 천국이었죠. 집 안일은 아줌마가 와서 다 하잖아요. 우리는 할 일이 없었죠. 한국에서는 불가능한 삶이었죠. 상상도 할 수 없었던 삶. 엄마들이 빨래하고 설거지만 안 해도 어디에요. 물론 지금은 그렇게 못해요. 이제 대부분의 한국 엄마들은 아줌마를 하루 종일 쓸 수 없어요. 아줌마 비용도 많이 올라서, 요즘엔 한국 엄마들이 하루에 2시간 정도 쓴다고 하더군요.

이선화 사장님은 14년째 계속 같은 아줌마를 고용하고 있는데, 예전에 5백 위안 정도였다면, 지금은 얼마를 지불하고 있나요?

정윤 지금은 5천 위안요. 열배 올랐어요. 저희는 올해부터 종일로 안 써요. 우리 애들이 모두 유학 갔거든요. 그래서 평소에 우리 집에는 아무도 없어요. 그러니 우리 집은 아예 아줌마의 집처럼 되었죠. 우리는 아침 먹고 나오잖아요. 그때부터 우리 아줌마가 타이타이죠. 우리 아줌마도 정말 재미있어요. 제가 어느 시간에 들어가든, 항상 똑같은 일을 하고 있어요. 항상 다림질 하는 자세를 만들어 놓고 있는 거죠. 쉬고 있다가 누군가 들어올 거 같으면 다림질 자세를 취하죠. 14년째 데리고 있는 식구니까, 그래도 계속 고용하고 있어요.

이선화 그 분을 언제부터 고용했나요?

정윤 2003년도부터요. 사실 아줌마가 우리 애들을 거의 다 키웠어요. 우리 아들은 지금도 '아줌마 반찬 먹고 싶어' 이래요. 엄마 반찬 아니고 아줌마가 해준 반찬. 저는 '야, 그거 엄마가 다 가르친 거야' 라고 이야기 하죠.

상하이 성장의 그림자

이선화 이제 구베이에는 한국 식당을 찾아보기 힘들더군요. 오히려 일본 식당이 많이 보였어요.

정윤   이제 구베이에 한국 식당은 거의 없어졌어요. 그 전에는 여기 일본 식당이 1~2개 밖에 없었어요. 그런데 동일본 대지진 이후부터 일본 식당이 많아진 것 같아요. 그리고 여기 일본 식당이 정말 맛있어요. 깔끔한데 비싸게 받지 않아요. 그게 너무 좋아요.

이선화   상하이는 올 때마다 달라지더군요. 상하이의 빠른 변화에 대해 어떻게 생각하시는지요?

정윤   정말 그래요. 저도 공항에 내릴 때마다 놀란다니까요. 상하이는 1년마다 달라요. 중국은 땅이 모두 국가 소유니까, '여기 개발해' 라고 정하면 바로 허물고 시작해요. 상하이는 이제 너무 많이 개발해서 가난한 사람들 살 곳이 점차 사라지고 있어요. 하물며 우리 집 아줌마도 살 곳이 없어요. 우리 아줌마 말에 따르면 저희 집까지 출근하는 거리가 점점 멀어진다고 해요. 2002~2003년 즈음에는 자전거 타고 1시간 이면 도착했는데, 이제는 전기자전거를 타고 1시간 와야 된대요. 그래서 요새는 아줌마 구하기도 힘들고, 가게에 일할 사람 구하기도 힘들어요. 모두들 먼 곳으로 출퇴근해야 하니까요. 그래서 상전 구하 듯이 사람을 구해요. 또 능력이 있으면 숙소까지 마련해줘야 죠. 숙소를 제공해도 월급을 적게 줄 수도 없어요. 그러니까 한국 자영업자들이 모두 베트남으로 옮기는 거죠.

김판수   사장님 가게는 어떤 상황인가요?

정윤   초창기에는 중국동포를 고용했지만, 이제는 한족을 고용하고 있어요. 이제 웬만한 월급 아니면 중국동포 구하기 힘들어요. 그래서 이제는 여기 구베이에 자기 가게를 내고 살아남는 사람

186

들이 진짜 대단한 사람들이에요. 한 해 한 해 힘들어져요.

이선화 과거에 비해 중국 고객도 많아지고 있죠?

정윤 좀 있어요. 중국 손님이 많은 걸 떠나서, 중국 손님은 크게 써요. 비싸고 좋은 것만 찾아요. 한국인 대비 3배 정도 더 지출하는 것 같아요. 요즘은 중국 젊은이들이 치장에 굉장히 신경을 쓰거든요. 우리 세대의 중국 사람들은 여전히 5백 위안도 아까워해요. 그런데 그 자녀들은 한 번에 2~3천 위안을 지불해요. 지출 금액도 굉장히 많아지고 있어요. 특히 상하이인들은 돈 쓰는 단위가 무서울 정도예요. 상하이인들은 여기에 집을 기본 몇 채 가지고 있잖아요. 월세만 받아도 어마어마하죠.

이선화 상하이인들이 자녀에게 투자할 여력도 커졌죠?

정윤 그래서 상하이인들은 자녀들을 거의 외국 유학 보내잖아요. 해외 유학 안 가본 애들이 거의 없을 거예요. 그래서 상하이인 엄마들이 화가 많이 나 있어요. 자식 유학 보내느라 몇 억 들었는데, 정작 중국에 돌아오니 월급으로 몇 천 위안밖에 못 받는다는 거. 그래서 엄마들은 자녀들이 돌아오지 않길 원해요. 요즘은 상하이 월급 수준도 많이 올랐으니 조금씩 변화되고 있지만요.

이선화 언제부터 상하이인들의 생활 수준이 변화되었나요?

정윤 갑자기 바뀐 거예요. 어느날 갑자기 우리 가게에 와서 '저거 내 차야' 이래요. 기본이 BMW 스포츠카. 구베이니까 그러지 푸동 가면 더 심해요. 그들의 임금은 많아야 만 위안 정도지만, 다들 고급 외제차 몇 대 씩 굴리고 살고 있죠. 그런데 그게 모두 부모 돈인 거죠. 한 번은 좀 사는 상하이인 고객이, 자기는 생선을 일본에서 공수해서 먹는다고 자랑하더군요. 곧 비행기로 도착한다고. 그런데 그렇게 사는 상하이인들이 꽤 많더라고요. 2000년대 초만 해도 여기 구베이 아파트들이 모두 홍콩이나 대만사람 소유였어요. 그런데 지금은 모두 중국사람들 소유죠. 예전에는 제가 살고 있는 아파트 라인에 중국사람은 한 명도 없었어요. 그때는 모두 일본인이나 한국인들. 그런데 이제는 모두 중국사람들이에요. 한국인들이 중국 와서 보일러 깔아놓고 멋지게 고쳐놓으니까, 돈 있는 중국인들이 들어와 잘 살고 있는 거죠.

상하이의 '좋은 시절'

이선화 한국사람들 오기 전엔 상하이 아파트에 보일러 깔린 곳이 없었죠?

정윤 보일러가 어디 있어요. 제가 상하이에 와서 첫 겨울을 보낼 때, 정말 추워서 자고 일어나면 무릎을 구부릴 수 없을 정도였어요. 추워서 몸이 경직된 거죠. 그때 한국사람들 다들 고생했어요. 2002년 가을 즈음 되어서 외국인들이 집을 살 수 있게 되었는데, 그때부터 한국인들이 집 사고, 보일러 깔고, 인테리어도 했죠. 저도 처음에 여기 보일러 깔 때 중국인들하고 엄청 싸웠어요. 아래층에서 이해를 안 해주는 거예요. 보일러를 갈면 수도가 터져서 천장이 다 젖는다고. 그래서 저는 절대 안 터진다고 큰 소리 쳤는데, 나중에는 정말 물이 샜어요(웃음). 그때 보일러를 한국 인테리어 회사가 깔았는데, 실제 시공은 중국인들이 했던 거죠. 그때 당시에는 한국사람들이 중국인들에게 보일러 까는 기술을 가르치면서 공사했어요.

이선화 언제부터 재테크에 관심을 가졌나요?

정윤 2001년 상하이에 왔을 때, 저는 제가 살았던 아파트가 너무 싫었어요. 홍콩식 아파트였는데 바퀴벌레가 너무 많이 나왔어요. 그때 그 아파트 렌트비로 매월 1,300 달러 지불했었거든요. 저는 그 돈 주고 그 집에 사는 게 너무 아까웠어요. 그래서 집을 사야겠다고 생각했죠. 그때 어떤 한국사람이 상하이에 막 들어왔을 때여서, 제가 렌트하는 거 도와준다고 집 구경을 같이 다녔어요. 어떤 집을 보러갔더니 집 주인이 욕실 수리를 싹 해놓았던 거죠. 샤워부스도 있었고. 제가 농담 삼아 '이 집 렌트 놓지 말고, 나한테 팔아' 라고 했는데, 집 주인이 대만사람이었거든요. 저한테 '네가 사면 팔겠다'고 했어요. 그래서 저는 2002년도에 집을 샀어요. 2001년에 상하이 와서 2002년 겨울에 집을 산거죠.

이선화 당시 대부분의 한국 사람들은 중국이 사회주의 국가라고 부동산 소유에 상당히 부정적이었을 것 같은데요.

정윤 그랬죠. 제 친구들이 '너 미쳤냐?', '여기는 중국인데 어떻게 될지 알고' 라며 펄쩍 뛰었어요. 저는 별다른 생각이 없었어요. 바퀴벌레 안 나오는 집에서 살면 족하다는 생각과 렌트비가 아깝다는 생각만 했어요. 그때만 해도 집값이 오를 거란 생각은 없었죠. 그저 산 가격에 팔고 한국 돌아가도 월세만 5천만 원 정도 남겠다고만 했죠. 사실 그 집 구매할 때 신랑하고도 얼마나 싸웠는지 몰라요. 여자가 쓸 데 없는 짓 한다고. 그때 저는 '자기야 집이 더러워서 잠을 못 자겠어' 라고 설득을 했어요. 그때는 제가 일을 하는 않으니까, 집을 사려면 결국 신랑이 와서 사인을 해야 되는 거예요. 신랑은 바쁜 자기를 불렀다고 화가 난 상태였죠. 결국 남편이 사인을 했어요. 그 이후로 가격이 많이 뛰었죠. 사실 상하이 부동산 투자로 볼 때 2005~2006년에는 이미 늦은 시기였어요. 물론 좋았던 시기는 맞는데, 이미 그 전 사람들이 더 많이 벌었죠. 그래서 제 주위 친구들은 모두 부자가 됐어요. 물론 한 채도 못 산 사람도 있어요. 제가 '언니 제발 사' 라고 몇 번을 이야기해도 그 남편이 '떨어질 거야' 라며 만류했어요. 그런데 여기는 상하이잖아요. 모두가 상하이 호구를 갖고 싶지만, 아무나 상하이 호구를 가질 수 없다고요. 그러니까 상하이 집값은 떨어지기 쉽지 않아요. 그런데 그때 한국인들 중에서 돈이 있어도 집은 사지 않은 사람들은 결국 가진 돈을 많이 날렸어요.

이선화 뭘 해도 되는 시기라고 들었는데, 어떻게 돈을 날릴 수 있죠?

정윤 현금을 많이 쥐고 있으면 주변에 많은 사람들이 붙게 되잖아요. 어쨌든 그때 저는 돈 벌려고 집을 사지는 않았어요. 모든 사람들이 집 사지 말라고 만류하던 시절이었으니까. 저는 그저 제가 원하는 인테리어를 한 집에서 살고 싶었어요.

이선화 상하이에서의 삶에 있어서 사장님의 경우 다른 한국 타이타이 분들과 조금 다른 것 같아요.

정윤 저는 골프를 3개월도 안 쳤어요. 저하고 안 맞았어요.

이선화 언제부터 상하이 집값이 오르기 시작했나요?

정윤 2003년부터요. 눈 뜰 때마다 집값이 어마어마하게 올랐어요. 집값이 너무 오르니까, 자영업자들도 대박이 났었죠. 왜냐하면 식당이든 어디든 중국인들이 돈을 쓰러 엄청 돌아다녔거든요. 오히려 지금 한류는 겸손하다고 할 정도로... 그때 장사가 진짜 잘 되었어요.

이선화 한류 때보다 더 활황이었다고요?

정윤 2007년까지만 하더라도 상하이 한국인들은 너무 잘 벌었고 또 너무 잘 살았어요. 그런데 그때 상하이 집값이 너무 가파르게 올랐잖아요. 그러니 상하이의 많은 한국인들은 일을 해서 큰 돈을 벌기 힘들다고 생각했던 거죠. 그래서 정말 많은 분들이 주재원 생활도 그만두고 부동산 투자에 뛰어들었죠. 어쨌든 2008년 금융위기 이전만 하더라도 한국인들이 여기 구베이 아파트를 엄청 많이 보유했죠. 2008~2009년에는 집값도 어느 정도 오른 데다 갑자기 환차익도 거의 2배 가까이 이르렀으니, 한국인들이 너도나도 집을 팔아버렸죠. 그런데 한국인이 모두 집을 팔고난 후에 상하이 집값이 다시 어마어마하게 오르기 시작했어요. 한 번은 제가 그 즈음 은행에서 어떤 한국 분을 만났는데, 저한테 '사장님, 저 20억 원 날렸어요' 라고 하는 사람들이 많이 있었어요. 즉 계속 보유했으면 20억 원을 더 벌었다는 거죠. 실제 손해는 없었지만, 몇 달 만에 집값이 엄청 뛰었으니까요. 그리고 그때 집을 다 팔고 큰 돈을 손에 쥐고 있다가 여기저기 투자해서 결국 모두 날린 분도 많았죠.

이선화 상하이 부동산 재테크의 경우 한국인보다 대만인들이 잘 했다고 하더군요. 한인촌이 있는 홍췐루 쪽도 대만인이나 중국인이 대다수라고 하고.

정윤 2009년 환율 파동 있었을 때, 대만 사람들이 구베이와 홍췐루 집들을 많이 샀어요. 그 집들은 원래 한국인 소유였죠. 당시 금융위기로 한국인은 환차익을 누렸지만, 사실 집값은 크게 안 올랐어요. 또 중국은 5~7년 꼴로 한 번씩 관련법이 바뀌는 거 같아요. 즉 그 전에는 아파트를 팔 때 세금을 냈는데, 2009년

무렵에는 아파트를 팔아도 면세를 해줬거든요. 그때 한국 사람들이 다 말려들어간 것 같아요. 그때 팔지 말았어야 했는데. 그거를 대만인들이 모두 가져갔어요. 지금 구베이 2기 고급 아파트에 한국인 집이 몇 개 없어요. 그 전에는 거의 다 한국인 소유였어요. 부동산에 물어보니 이제 한국인 소유가 10%도 안 된다고…

이선화 상하이 아파트 값이 최근 1년 동안 거의 2배 상승했다고 하더군요.

정윤 작년에요. 5백만 위안 하던 아파트가 갑자기 8백만~9백만 위안이 되었어요. 그런데 2016년 3월 되니까 집 보러 다니는 사람들이 뚝 끊겼어요. 상하이 시정부가 정책을 바꿨거든요. 이제 중국인들도 상하이 집을 함부로 살 수 없게 되었어요. 왜냐하면 상하이에서 몇 년 동안 일하고 또 납세 기록이 있는 사람만 상하이 주택을 구매할 수 있게 되었어요.

이선화 그러면 집값이 하락했겠네요.

정윤 상하이 집값은 그렇지 않아요. 상하이 사람 누가 가격을 낮춰서 팔겠어요. 차라리 안 팔아요. 왜냐하면 여기 상하이에 아파트 소유한 사람 중 돈이 없어서 집을 파는 경우는 거의 없거든요. 그저 집 살 사람들이 줄어들었을 뿐인거죠. 그런데 최근 다시 집 보러 다니는 사람들이 생겼어요. 한국인은 아니죠. 이제 한국 사람들은 상하이에 집을 살 수 없어요. 너무 비싸요. 더구나 상하이 시정부 정책 때문에 외국인은 돈이 있어도 여러 가지 자격을 갖춰야 해요.

한인사회와 상하이인사회의 자리 바꾸기

이선화 결국 상하이 집값과 렌트비가 계속 올랐으니, 집을 팔아버린 한국인들의 삶은 많이 힘들어졌겠네요.

정윤 사실 2010년 이후부터 한국인 삶이 무너지기 시작했어요. 그리고 요즘은 상하이 택시기사들도 가끔 한국인들을 가난하다며 무시해요. 그게 현실이죠. 그래도 별 수 없어요. 초기에 한국인들이 상하이 와서 중국인들에게 잘 못한 일이 많잖아요.

이선화 어떤 잘못들이 있었나요?

정윤 저는 2001년도에 처음 왔을 때 신랑이 중국동포 아줌마를 구해 놓았더라고요. 전 너무너무 행복했어요. 살림을 안 하니까. 새벽 6시부터 아줌마가 와서 아침밥을 해주니까. 천국 같은 생활이라고 생각했어요. 그런데 다른 한국인들은 중국인을 너무 홀대했죠. 예를 들어, 구베이의 한국 엄마들은 중국인 아줌마가 해주는 밥을 애들한테 먹이지 않는 경우가 진짜 많았어요. '더러운데 어떻게 먹여요' 라며. 제가 초기에 어느 한국 엄마를 집으로 초대한 적이 있었어요. 손님이 오니까 김밥도 쌌죠. 그런데 그 엄마가 김밥을 보고는 '이거 누가 쌌어요?' 하길래, '우리 아줌마가요' 했더니 안 먹는다고 하더라고요. 더럽다며. 제가 당황해서 '우리 아줌마가 저 보다 손 많이 씻어요' 라고 무마했어요. 우리 아줌마가 14년째 우리 집을 안 떠난 이유가, 저희 애들의 태도가 너무 좋아서예요. 다른 데 가면 상처 받았겠죠. 한국인들이 중국인들을 너무 홀대했으니까요. 한국 엄마들이 그랬으니 한국 아이들도 어려서부터 상하이 아이들을 무시하는 일도 많았죠. 그런데 그 아이가 나중에 성인이 되었는데, 상하이인들의 사회경제적 위치가 더 높아져 있는 거죠.

이선화 과거 한국인의 중국인 무시가 사업에서도 실패를 낳는 배경이
되었을 수도 있었을 것 같아요.

정윤 한국에 계신 분들은 5억 정도의 투자금을 크게 생각하더라고
요. 그걸 들고 상하이에 오면 1년도 못 살아요. 그런데 여기
와서 상하이 사람들을 무시하는 거예요. 결국 다 털고 돌아가
는 경우가 많아요. 너무 안타깝고 가슴이 아파요. 2009년 쯤
한국에서 뷰티 쪽 종사하시는 분이 오셨어요. 여기 와서 샵을
오픈하고 싶다고. 제가 '하지 마세요' 그랬어요. 그런 분들은
일할 사람으로 대개 한국 사람을 데려오는 데, 여기는 한국에
서 막 나온 사람들이 일할 수 있는 조건과 역량이 안 되거든
요. 우선 중국어가 안 되잖아요. 그리고 비자도 만들어줘야죠.
그런 문제들을 이야기 드리니까 '중국 애들을 가르쳐서 하면
되지' 라고 하더군요. 저는 그런 생각 자체가 문제라고 생각해
요. 중국 사람들을 가르쳐놓는다고요? 금방 딴 데 가요. 걔는
일만 조금 배우고 딴 데 가서 자기 사업 차리면 돼요. 그때 그
분은 제가 하지 말라고 하니까 서운했었던 것 같아요. 그러다
다른 샵에서 결국 자기가 듣고 싶은 말을 들은 거예요. '하고
싶으면 해보라' 는 말을… 그 분은 그 말 들으려고 돌아다닌
거니까. 그래서 실제로 근처에 샵을 오픈했어요. 중국동포 아
가씨를 믿고. 그런데 그 아가씨가 성실하게 해줬겠어요? 만 위
안짜리 집을 1만8천 위안에 렌트했더라고요. 그것도 1년 계약
이면 충분한데 2년 계약으로. 뒤늦게 그 분이 저한테 와서 이
런 저런 문제를 털어 놓더군요. 그래서 제가 '접으세요. 돈 있
으면 차라리 여기 아파트나 하나 사세요' 라고 했죠. 그런데 또
다른 사람 말에 넘어가서, 사업을 더 확장하더라고요. 결국은
한국에서 가져온 돈은 모두 날렸죠. 그때 제가 '떠날 때는 깨끗
이 하고 떠나세요. 직원들 월급 다 챙겨주고, 손님들한테 미리

받았던 각종 선불금도 다 정산하고 가세요' 라고 했어요. 그 분은 정말 다 정리하시더라고요. 1년 만에 모두 날렸죠. 지금 그 분은 상하이 쪽은 쳐다보기도 싫대요. 그래도 그 분은 한국에 여전히 기반이 남아 있었으니 다행이었죠. 높은 수업료를 지불한거죠. 진짜 문제는 모든 걸 다 털어 넣은 사람들이예요. 그런 분들도 진짜 많아요.

이선화 그래도 뷰티 업계는 여전히 한국이 좀 더 높은 수준에 있지 않나요?

정윤 아니에요. 요즘 중국인들의 뷰티 업계 활동 수준을 보면 따라갈 수가 없어요. 우리나라 디자이너들이 상하이 와서 밀려요. 왜냐하면 중국인들은 직접 '비달사순'에 갔다 와요. 지금 중국인들은 유럽에서 고급스러운 대형 매장을 많이 운영하고 있어요. 우리 한국 사람들은 너무 비싸서 못 들어가는 그런 곳들이죠. 현재 한국 강남의 제일 좋은 살롱 같은 곳도 상하이하고 비교할 수 없을 정도예요. 상하이 시내 한복판에 가면 일단 밀집된 명품 매장을 보고 기가 죽어요. 그리고 중국은 어마어마한 규모로 사람을 누르죠. 물론 여전히 우리한테 기술을 배우러 오는 중국인들이 있죠. 그런데 그런 경우는 대개 '없는' 중국인이 우리를 찾는 거예요. 정말 '있는' 애들은 우리를 안 찾아요. 상하이에는 커트 가격만 몇천 위안인 고급 살롱이 많아요. 상하이 출신의 디자이너도 많고요. 걔네들은 이미 유럽에서 배우고 돌아와 오픈하기 때문에 수준이 달라요. 상하이는 이제 아무나 쉽게 범할 수 있는 곳이 아니에요.

이선화 여기 한국 분들은 한국인의 감성과 세련됨이 여전히 중국에 비해 앞서 있다고 평가하던데, 뷰티 업계에서는 어떤가요?

정윤 그렇긴 한데... 지금 상하이인들은 프랑스나 미국을 자유자재로 다닐 수 있고, 우리보다 더 많은 해외 경험을 갖고 있어요. 한국에서 누군가 와서 미용 한류 이야기하면 저는 일단 웃음이 나와요. 상하이인들은 기본적으로 영어를 해요. 그들은 영어와 중국어를 다 잘 하는데, 우리나라 뷰티 업계 사람들은 한국말 하나를 하잖아요. 그러니 한국의 유명 살롱들에서 이름 난 사람들은 상하이 중심가에서 활동할 수 없어요. 성형수술 같은 경우에도 예전에는 상하이에서 한국인들이 성형 사업하면 잘 되었어요. 그런데 이제는 잘 안돼요. 여기 한국 유명 성형외과도 결국 중국인들한테 다 넘어갔어요. 상하이인들은 이제 자유롭게 한국 들어가잖아요. 성형을 하려면 한국에 직접 가서 해요. 그러니 상하이에서는 외국인이 사업하기가 더욱 힘들어지고 있어요.

이제 상하이인들은 굳이 한국인의 장점을 쫓아가지 않아요. 이미 미국이나 유럽의 세련됨을 쫓고 있어요.

　　2015년 인천대학교 중국학술원(이하 중국학술원)은 [중국 비즈니스 실태조사] 프로젝트를 추진하기로 결정했다. 당시 연구책임자였던 이정희 교수님으로부터 참여 요청을 받았을 때의 기쁨을 잊을 수 없다. 필자는 2005년 석사과정 때 [구술사 연구방법] 강의를 수강한 적이 있었다. 당시 수강생들은 수업 이외에 실제로 모 대학에서 진행한 '구술채록 프로젝트'에도 임시로 참여했는데, 그때 필자는 안산의 한 50대 남성 분을 대상으로 구술사 인터뷰를 진행했고, 녹음 파일을 채록했으며, 그에 기초해서 기말리포트를 작성했다. 당시 우리 수강생 모두 구술사 인터뷰의 매력에 흠뻑 빠졌기 때문에 너나할 것 없이 언젠가는 꼭 '구술사 방법론'을 활용하여 연구를 하겠다고 마음을 먹었다. 그 중 한 명은 실제로 구술사 방법론을 활용하여 석·박사학위논문을 작성했다. 반면 필자에게는 10년이 지나서야 비로소 기회가 찾아왔던 것이다.

　　그러나 막상 프로젝트가 시작되자 현실적인 어려움에 봉착했다. 필자는 구술사 방법론 연구자가 아니었기 때문에 그때부터 관련 방법론을 공부해야만 했다. 문제는 조사 프로젝트가 당장 시작되었고, 특히 상당한 액수의 예산이 투여된 만큼 빨리 대중서와 연구서 등을 출판해야한다는 심적 부담도 컸다. 그리고 구술사 인터뷰를 하려면 생애사 인터뷰 즉 '살아온 삶'에 대한 장시간의 인터뷰가 매우 중요한데, 우리 프로젝트의 주요 분석 대상은 '기업인'이었기에 1~2시간 인터뷰 시간을 얻는 것도 어려운 경우가 많아 결국 생애사 인터뷰를 포기하고 '중국에서의 삶' 인터뷰에서부터 시작할 수밖에 없었다. 따라서 이 책에 사용된 인터뷰 방법론은 구술사 방법의 장점을 활용한 '심층 인터뷰' 성격에 가깝다.

프로젝트 1차년도(2015.3~2016.2)는 그야말로 혼란과 탐색의 시기였다. 즉 이 시기에는 이정희(중국학술원 교수), 조형진(중국학술원 교수), 김판수(중국학술원 연구교수)가 주제, 지역, 대상 등을 탐색하는 데 많은 시간을 들였다. 초기에는 대구, 중국 웨이하이, 부산, 서울, 인천 등 각지의 중국 진출 한국인 분들을 찾아다니며 인터뷰를 진행했다. 귀중한 배움을 얻을 수 있었지만 여전히 주제, 지역, 대상 등에 대해 최적의 구상을 기획할 수 없었다. 특히, 한국으로 귀국한 분들을 대상으로 할 것인지 아니면 여전히 중국에서 활동한 분들을 대상으로 할 것인지 결정하지 못했고, 또 한 지역에 한정해서 연구를 진행할지 아니면 한국 각지를 찾아다니며 연구를 진행할지 등을 결정할 수 없었다.

그 와중에 2015년 말 중국학술원에서 개최한 [제 1기 차이나 비즈쿨]에 연사로 참여한 신동원 대표님(네오위즈 차이나 법인장)의 강의를 듣고 부탁을 해서 2015년 12월 말 신도림역 근처에서 인터뷰를 진행했다. 이 인터뷰 과정에서 필자는 '상하이 한국경제인이 경험한 중국에서의 사회경제적 삶'을 연구할 필요성을 깨달았다. 잠정적이긴 했지만, 주제, 지역, 대상이 모두 결정되었던 것이다. 행운이었다. 필자는 급히 2016년 1월 8일부터 15일까지 상하이를 방문하여 탐색적 조사로서 1차 조사를 실시했다. 상하이는 프로젝트를 수행하기에 매우 이상적인 공간이었고 기대 이상으로 흥미로운 공간이었다. 당시 인터뷰한 분들의 약 85%는 신동원 대표님의 소개를 받았다.

2016년 1월 제1차 조사를 통해 필자는 다량의 '숙제'를 얻게 되었다. 10년 전 베이징에 준비 없이 들어가 1년간 중국어의 성조와 발음을 공부했던 것처럼, 2016년도 전반기까지는 상하이, 상하이 한인사회, 상하이 한국경제인에 대한 ABC를 익히는 단계였다. 사실 당시 필자는 상하이 한인사회는 물론 중국 한인사회 전체에 대해 아무런 지식이 없었다. 개인적으로 2008년부터 2010년까지 베이징에서 유학했지만 2년 3개월의 기간 동안 중국 최대 한인촌이 위치한 왕징(望京)을 방문한 횟수는 한

손으로 꼽을 정도였다. 또 당시 거주했던 공간도 중국인이 대다수였던 아파트 단지들이었다. 나아가 기존 '한국인과 한국기업의 중국 진출 연구'의 절대 다수는 베이징, 칭다오, 선양 등 중국의 화북지역과 동북지역에 집중되었다. 따라서 '상하이 한국경제인 연구'에 필요한 지식도, 경험도, 참조점도 거의 없는 상황에서, 2016년 1월 상하이 조사는 탐색적 조사로서 이후 조사에 필요한 나침반 기능을 했다.

2차년도(2016.3~2017.2)는 연구 범위와 대상이 더욱 구체화되고 또 확대된 시기였다. 필자는 2016년 3월 23일부터 3월 31일까지 제2차 상하이 조사를 다녀온 후에야 비로소 상하이 한인촌 및 한인사회에 대한 주요 조사 영역들을 세분화할 수 있었다. 또 이후 인류학을 전공한 이선화 교수님이 참여했기 때문에, 필자는 남성 경제인, 한인상회, 한인교회에 집중했고, 이선화 교수님께는 그동안 필자가 깊이 접근하기 어려웠던 여성 경제인과 여성 전업주부(교육 포함) 영역 전담을 부탁드렸다. 우리는 2016년 7월 9일부터 18일까지 제3차 상하이 조사를, 2016년 12월 30일부터 2017년 1월 7일까지 제4차 상하이 조사를 진행했다. 2번의 공동조사 덕분에 상하이 한인사회 및 한국경제인 네트워크 등에 대해 더욱 풍부하게 알 수 있었다. 특히 공동 조사 기간에도 수시로 흥미로운 인터뷰 내용들을 공유했고, 그 결과 다음 인터뷰이들에 대한 질문도 매우 구체적이고 또 정교해졌다.

2년 동안의 상하이 조사 덕분에 이미 풍부한 자료가 축적되었기 때문에, 우리는 3차년도(2017.3~2018.2)에 1~2차년도 인터뷰 자료에 기초해서 공동으로 대중서와 연구서를 기획하고, 그 기획에 근거하여 부족한 부분에 한해서 엄밀하게 추가 조사를 실시하며, 최종적으로 당해에 몇 편의 논문 및 대중서를 출판하자고 의견을 모았다. 하지만 이선화 교수님이 중국 산동대학 인류학과 조교수로 임용되면서, 대중서만큼은 꼭 함께 출판할 수 있기를 희망했지만 아쉽게 이번 출판에 참여하지 못했다.

2017년 9월부터 2018년 4월까지 약 8개월 동안 필자는 [지금, 상하이에서 듣자] 출판 작업에 매달렸다. 전체 과정은 다음과 같다.

1. 2017년 9월부터 10월까지 2개월 동안은 전체 채록 자료 중 3,000페이지 가량만 검토하며 대중서 '주제'를 정하고 그에 적합한 수록 대상자들을 선정했다. 검토를 시작할 때에는 이선화 교수님이 독자적으로 기획하고 1년간 기초 조사한 '상하이 한국인의 자녀 교육' 부분을 포함할 계획이었다. 매우 흥미로운 사례가 많았지만 정말 아쉽게도 이 책에 싣지 못했다. 만약 이선화 교수님이 3차년도에도 추가 조사를 수행할 수 있었더라면 이 책의 내용은 더욱 풍부해질 수 있었을 것이다.

2. 2017년 11월부터 12월까지 2개월 동안은 잠정 수록 대상자들의 인터뷰 내용 중 출판에 적합한 인터뷰 내용들을 축약하고, 또 그에 기초하여 책의 가목차를 만들었다. 축약하는 과정은 생각보다 많은 시간이 필요했다. 왜냐하면 어떤 인터뷰이의 채록 자료는 350페이지에 달했기 때문이다. 또 축약하는 과정은 지나치게 개인적이거나 대외적으로 공개하기 어려운 내용 등을 꼼꼼하게 판단하여 덜어내는 작업이었기 때문에 특히 많은 시간이 요구되었다. 물론 내용을 덜어내는 과정에서 수록 대상자 명단도 결정되었다. 모든 인터뷰이들의 이야기들이 귀중했지만 이 책의 '주제와 구성'에 적합한 사례에 해당하지 않을 경우 이미 많은 시간과 공을 들였음에도 불구하고 배제해야만 했다.

3-1. 2018년 1월의 일부는 '가목차와 축약 편집본'의 완성도 등을 고려하여 추가 조사를 구상하고 또 실시했다. 이를 위해 2018년 1월 5일부터 13일까지 상하이에 방문했고 만날 수 있는 모든 분들을 방문하여 인터뷰했다. 이때는 기존의 인터뷰이 이외에 새롭게 수록될 수 있는 인터뷰이들에 대해서도 진행했다. 불가능한 일은 아니었다. 이미 책 기본 구조가 짜인 상태였기 때문에 인터뷰는 매우 효율

적으로 진행되었다. 다만 1월 추가 인터뷰 녹음파일이 가능한 한 빨리 채록되어 나와야 했기 때문에 오랫동안 채록을 도와주었던 후배들에게 부탁했다. 이들은 약 2시간 인터뷰 파일을 평균 2~3일 만에 채록해서 보내주었다. 2배 이상의 속도로 작업한 셈이다. 이 기회를 빌려 이은지와 이지원에게 고마움을 표한다. 이들은 2년 동안 채록 작업을 담당했기 때문에, 이번 책 작업 전반에 걸쳐 조언이 필요할 때마다 귀중한 의견을 제시해주었다.

3-2. 2018년 1월의 또 다른 일부는 교열 및 윤문 작업을 진행했고 또 수록된 7분들의 검토가 진행되었다. 사실 시간이 충분하지 않았기 때문에, 상하이 추가 조사 기간에 낮에는 인터뷰를 진행했고 밤에는 교열과 윤문을 했다. 왜냐하면 수록 대상자 분들께 1차 교열과 윤문이 끝난 편집본을 보내드려 책 수록에 대해 허락을 구해야했고, 또 그 분들께 수정 및 삭제 등을 검토할 수 있는 충분한 시간을 드려야했기 때문이다. 원래 계획한 7분 모두 [지금, 상하이에서 듣자]에 수록을 허락해주셨다. '사회적 삶'에 대한 인터뷰가 주를 이뤘기 때문에 어쩔 수 없이 개인적인 내용을 많이 포함해야만 했는데 그에 대해서도 충분히 공감해주셨다. 7분께 진심으로 감사드린다.

4. 2018년 2월~4월 3개월 동안은 사실 1월에 1차 진행한 교열과 윤문 작업의 반복이었다. 또 수록된 7분의 최종 검토가 이루어졌다.

베이징을 중심으로 전개된 한중수교 25년이 이미 지나갔다. 최근 몇 년의 추세로 볼 때 한중교류는 이미 베이징에서 상하이로 이전되는 과정에 있다. 감히 희망하자면, 한중수교 50주년까지는 이 책 [지금, 상하이에서 듣자]가 중국에 관심이 있거나 중국 진출을 꿈꾸는 사람들에게 유용한 길잡이 역할을 할 수 있기를 바란다.

2018년 2월 20일
김판수 씀

| 엮은이 소개 |

김판수金判洙

1978년 경남 김해에서 태어나 중앙대학교 사회학과를 졸업(2005)하고 동대학원에서 『중국 혁명과정에서 공산당 – 대중 개조체계의 형성과 변화』라는 제목으로 박사학위(2014)를 받았다.

중국 베이징대학 사회학과 대학원에서 고급진수생 과정 수료(2009-2010), 국민대학교 중국인문사회연구소에서 연구원(2010-2014)을 거쳐, 현재 인천대학교 중국학술원 HK연구교수로 재직 중이다.

중국의 당-대중 관계, 1949년 이전 중공당사, 상하이 한인사회에 관심을 갖고 연구하고 있다. 주요 논문은 「국가 속의 자연상태 – 『리바이어턴』에서 국가의 보호의무와 개인의 능동적 자유를 중심으로」(2008), 「변화된 경제 환경에 '조화 되기': 2000년대 중반 이후, 상하이 진출 한국경제인의 자기 규율」(2017), 「중국공산당의 改造 내부화와 당치 확립, 1927-1934」(2017) 이외 다수의 논문과 저역서가 있다.

중국관행자료총서 09

지금, 상하이에서 듣자
1990년대 중국 진출 한국인 인터뷰

초판 1쇄 인쇄 2018년 5월 20일
초판 1쇄 발행 2018년 5월 29일

중국관행연구총서 · 중국관행자료총서 편찬위원회

위 원 장 | 장정아
부위원장 | 안치영
위   원 | 김지환 · 송승석 · 이정희 · 조형진

엮 은 이 | 김판수
펴 낸 이 | 하운근
펴 낸 곳 | 學古房

주   소 | 경기도 고양시 덕양구 통일로 140 삼송테크노밸리 A동 B224
전   화 | (02)353-9908 편집부(02)356-9903
팩   스 | (02)6959-8234
홈페이지 | www.hakgobang.co.kr
전자우편 | hakgobang@naver.com,   hakgobang@chol.com
등록번호 | 제311-1994-000001호

ISBN   978-89-6071-741-1 94300
         978-89-6071-740-4 (세트)

값 : 12,000원
■ 파본은 교환해 드립니다.